懂心理学的妈妈这样给孩子定规矩

谊忍 ◎ 编著

中国纺织出版社有限公司

内 容 提 要

本书从心理学的角度出发，从孩子的日常生活和学习的方方面面入手，帮助妈妈们运用心理学知识教导孩子如何约束行为，制定规则。相信你的孩子经过一段时间的"训练"之后，一定能成为一个心理健康、懂规矩、爱学习、会学习、积极阳光的好孩子。

图书在版编目（CIP）数据

懂心理学的妈妈这样给孩子定规矩／谊忍编著. --北京：中国纺织出版社有限公司，2024.4
ISBN 978-7-5229-1463-3

Ⅰ．①懂… Ⅱ．①谊… Ⅲ．①家庭教育—教育心理学 Ⅳ．①G780

中国国家版本馆CIP数据核字（2024）第046299号

责任编辑：邢雅鑫　　责任校对：高　涵　　责任印制：储志伟

中国纺织出版社有限公司出版发行
地址：北京市朝阳区百子湾东里A407号楼　邮政编码：100124
销售电话：010—67004422　传真：010—87155801
http://www.c-textilep.com
中国纺织出版社天猫旗舰店
官方微博 http://weibo.com/2119887771
三河市延风印装有限公司印刷　各地新华书店经销
2024年4月第1版第1次印刷
开本：710×1000　1/16　印张：12.5
字数：145千字　定价：49.80元

凡购本书，如有缺页、倒页、脱页，由本社图书营销中心调换

前 言

生活中，我们经常听到一些妈妈抱怨："家里一有客人就'人来疯'，太没教养了，简直是无法无天！""孩子现在的习惯越来越坏了，完全不听话。""孩子现在越来越没礼貌了，看到长辈都不打招呼。"孩子们真是这样吗？

其实，孩子出现这样的情况，是因为从小妈妈就没有为他们制定规矩并养成习惯。孩子犯了错，你生气、愤怒都无济于事，只有规矩能让孩子对自己的行为负责，并逐渐培养孩子形成良好的品质。

实际上，孩子的成长过程，也是对周围世界规则追逐探索、理解并掌握的过程。他们很清楚，应该按照什么规则与人相处，做事要达到什么程度，如果过了头，会接受怎样的惩罚，他们需要用一些方法来衡量自己不断增长的技巧和能力。规则在孩子"学习—发现"的过程中起着极为重要的作用。但是，如果家长的信号不明确的话，那一心想教给孩子的东西便很容易不起作用。规矩对孩子的成长，不仅起着约束作用，而且会使孩子得到安全感。

然而，在现实教育中，不少妈妈总是等发现孩子的行为习惯已经无法约束时才认识到制定规矩的重要性，其实，此时规矩对于他们已经很难再发挥其应有的作用了。因为此时孩子已经学会和我们周旋了。一旦习惯了随心所欲，他会固执地坚持自己的想法和做法。此时，即使妈妈给他制定严格的规矩，严厉地对待他，他也不理会。如果妈妈迫不得已对其实施"暴力"，那只能让教育变为"格斗"，让家里成为"角斗场"！

可见，为孩子制定规矩是越早越好。然而，为孩子制定规矩不是一味地大喊大叫，也不是空洞的威胁，而是运用一定的心理技巧教导孩子，只有这样，孩子才能服从你的管教，而不是从情感上远离你。如果不掌握一定的心理学方法，那么，我们便很容易陷入费尽心力却教不好孩子的教育困境。为此，我们必须明白一点，即应该学一点儿教子心理学，用心教育，相信你一定能教育出一个懂规矩的好孩子。

本书就是从心理学角度，告诉妈妈们为孩子制定规矩的重要性，并且涉及孩子的言谈举止、生活习惯、与人交友、学习、休闲娱乐、情绪管理、社交礼仪、消费理财、安全出行、公共场合等多方面，让妈妈们学会既懂得尊重孩子的天性，又能不盲目地放任自流，并且在潜移默化中让孩子接受规矩，让孩子在规矩中自由成长。

编著者

2023年12月

目 录

001 | **第01章**
定娱乐规矩，根据孩子的兴趣制定规则孩子更易于接受

让孩子明白学习专注的重要性 / 003

孩子沉迷于网络，妈妈如何用心引导 / 005

支持孩子的兴趣爱好，拉近亲子心理距离 / 007

孩子缺乏学习兴趣，妈妈如何培养 / 010

妈妈和孩子一起进行娱乐活动 / 013

015 | **第02章**
定学习规矩要贴合孩子心理，指导孩子快乐高效学习

循循善诱，用心理学方法让孩子养成预复习的习惯 / 017

了解孩子的学习状况，再帮其制订学习计划 / 020

规定孩子每天阅读10分钟 / 023

每个孩子都要有一套自己的学习方法 / 026

告诉孩子，课后作业必须独立完成 / 029

031 | **第03章**
安全第一，巧用心理学方法告诉孩子要学会保护自己

告诉孩子要敢于拒绝别人 / 033

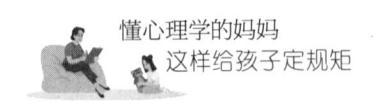

教会孩子运用心理技巧应对陌生人 / 036

告诉孩子遵守交规是安全出行的前提 / 039

从心理学角度激发孩子的自我保护意识 / 041

运用反面案例暗示法，让孩子认识到玩火的危害 / 044

047 | 第04章
立规矩讲原则，不让孩子产生心理抵触

妈妈要学会用真心感化孩子，让孩子放下心理包袱 / 049

手表效应：妈妈为孩子定规矩时，和家人意见要统一 / 052

妈妈不要以成年人的标准要求孩子 / 055

立规矩要讲"理"，让孩子心服口服 / 058

妈妈为孩子制定规矩，态度一定要明确 / 061

065 | 第05章
用心观察，提升孩子的情绪管理能力

制定规矩，引导孩子从心理建设的角度控制脾气 / 067

帮助孩子掌握几个排解坏情绪的心理学方法 / 070

细心观察，留意孩子的情绪变化 / 073

让"胆小鬼"变得更勇敢一些 / 075

妈妈要帮助孩子改掉任性的毛病 / 078

081 | 第06章
定生活规矩，巧用心理学让孩子学会快乐生活

爱运动的孩子更积极阳光 / 083

鼓励孩子做点儿家务，对孩子的身心发展大有裨益 / 086

饭前便后洗手，是每个年幼的孩子都要学会的规矩 / 090

早睡早起，每个孩子都要遵守一定的作息规矩 / 093

情理结合，告诉孩子"自己的事情自己做" / 096

099 第07章
定花钱规矩，情理结合说服孩子有节制地花钱

告诉孩子要花钱，自己挣 / 101

孩子花钱大手大脚，妈妈怎么引导 / 104

培养会花钱、精打细算的孩子 / 107

妈妈要善于激发孩子储蓄的兴趣 / 110

让孩子养成勤俭节约的习惯 / 112

115 第08章
家庭教育不只需要爱，更需要用心立规矩

妈妈为孩子制定规则，态度严肃才能产生心理威慑力 / 117

无规矩不成方圆，教育必须立规矩 / 120

3~6岁，是孩子学习规矩的最佳年龄 / 123

要培养孩子的自制力，必须立规矩 / 125

规矩一旦制定，就必须用心监督孩子执行 / 127

131 第09章
用心教育，让孩子学习规矩也成为一件快乐的事

惩罚是对规矩的心理监督 / 133

让孩子"改正错误"才是惩罚的根本目的 / 136

执行规矩时，妈妈不要心软 / 138

逐步心理引导，让孩子养成规则意识 / 142

第10章
定社交规矩，让孩子更受人欢迎

告诉孩子要珍视友谊 / 147

妈妈要激发孩子的分享欲，为其赢得更多友谊 / 149

妈妈错了，也要放下架子向孩子道歉 / 152

定社交规矩，让孩子明白受人欢迎的心理要求 / 155

让孩子学会谦让的美德 / 158

第11章
运用心理学方法制定规矩，更易于实施

制定规矩，妈妈要注意保护孩子的自尊心 / 163

先营造良好的氛围，让孩子愿意接受规矩的约束 / 166

从心理学的角度解读孩子的行为，制定规矩不可盲目 / 169

制定规矩，妈妈也要注意用孩子能接受的方式进行 / 171

第12章
定说话礼仪规矩，培养彬彬有礼的好孩子

定语言礼仪，妈妈要从小培养孩子优雅的谈吐 / 177

孩子说谎，妈妈如何运用心理学方法定规矩杜绝 / 180

当孩子出现目中无人的行为时，妈妈要及时给予心理干预 / 182

运用心理学方法告诉孩子什么是尊重 / 185

礼多人不怪，培养说话懂礼貌的孩子 / 188

参考文献 / 191

第 01 章

定娱乐规矩，根据孩子的兴趣制定规则孩子更易于接受

生活中，无论是成人还是孩子，除了要工作和学习外，都需要娱乐和休息。尤其是孩子，他们处于成长期，常常在娱乐和游戏中认识自我，因为通过选择决定玩什么或者做什么、和谁一起玩、画什么等，可以逐渐丰富自我概念，并获得身份认同。然而，孩子是缺乏自制力的，如果不加以约束，就有可能沉迷其中，无法自拔。为此，妈妈需要为之制定规矩，让孩子平衡好学习和娱乐，拥有一个健康、快乐的童年。

让孩子明白学习专注的重要性

小波是某中学的理科状元，中考毕业后，市里的记者来采访他。

在校办公室，班主任严老师很开心，她说："小波能够取得这样的好成绩与他的踏实肯学有很大的关系。"

严老师说，小波是个非常明事理的孩子。在他人眼里，小波的爱好很少，因为他专注于学习，所以能够取得好成绩。此外，在生活上小波也非常自立，而且非常懂得关心周围的人。

小波的父母也说："小波好静，他很专注于做一件事，这次他考出好成绩，我们为他高兴。"

从这里我们可以看出，小波之所以能取得好成绩，一个重要的原因就是——学习专注。托马斯·爱迪生曾说过："成功中天分所占的比例不过只有1%，剩下的99%都是勤奋和汗水。"对于孩子来说，在未来社会，他们只有专心致志于一行一业，不腻烦、不焦躁，埋头苦干，不屈服于任何困难，坚持不懈才能成功。而专注这种品格必须从小培养，从日常的生活和学习中培养。

妈妈们也应该深知，专注是一种良好的助人成功的品质，从现在开始就培养孩子的这种品质吧，这样，他才能在人生路上收获成功。

对于学习阶段的孩子来说，他们最主要的任务是学习，然而学习并不是一件轻松的事，浮躁心态是学习的大敌，是学习失败者的亲密朋友。因此，要想提高孩子的学习成绩，妈妈们就必须培养他们专注的学习习惯，其中最重要的方法就是为他们制定规矩，具体来说，妈妈们可以这样做：

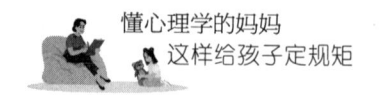

1.协助孩子拟订做事计划

你可以告诉他,无论是学习还是其他事情,都不要急功近利,而应该先拟订一个切实可行的计划,并努力做好第一步,而后再努力做好第二步,第三步……如此各个击破,最终方能达到自己的目标。

2.告诉孩子不要同时做两件或两件以上的事

可能你也发现,你的孩子,无论是不是在学习,都把电视开着,或者边玩游戏边学习。试想,这样怎么能集中注意力呢?久而久之,孩子便养成了一心二用的坏习惯。为此,你必须帮孩子克服这一缺点,学习时就专心致志地学习,玩游戏时就痛痛快快玩游戏。经过一段时间,你会发现,孩子无论做什么事都专注多了,而且最重要的是,效率也提高了很多。

总之,专注、认真是任何人要做好一件事情的前提,如果对什么事情都敷衍了事,必然做不好。认真、专注还是一种好习惯,要养成专注于学习的习惯,还需要妈妈们帮助孩子在平日里培养。

孩子沉迷于网络，妈妈如何用心引导

现代社会，是互联网的时代，互联网在给人们的生活带来便捷的同时，也给人们带来了一定的危害，尤其是孩子。事实上，现在的孩子学会上网的年纪越来越小，上网聊天、玩游戏似乎已经成了他们每日必做的功课。孩子上网无可厚非，但沉迷网络肯定不是什么好事。大部分家长对孩子上网都持否定的态度，其中担心影响学习、结交不良朋友、接触不良信息成为家长反对孩子上网的主要原因。

孩子上网影响学习成绩，是家长普遍担忧的现象。孩子长时间上网，会导致作业无法按时完成，上课质量下降，甚至会过于依赖网络，在网上搜索作业答案，造成独立思考能力下降。未成年的学生自制能力差，一旦迷上了上网络，便会长时间"寄居"在网上，将大量的时间和精力都投入网络世界。对此，很多家长头痛不已。那么，孩子沉迷于网络的原因是什么，我们应该怎么帮助他们？

事实上，造成孩子沉迷网络的主要原因是空虚的家庭生活，这会让孩子试图寻找其他方式来填补自己的精神世界，而沉迷网络就成了他们的首选。

那么，妈妈该怎样引导孩子不沉迷网络呢？

1.掌握网络知识，不做网盲

家长不懂网络，就不能正确引导孩子上网、督促孩子健康上网。因此，妈妈要学会并掌握一些网络知识，要注意发现孩子上网时碰到的问题，在上网过程中及时与其交流，一起制订有效的措施。同时家长还可以在电脑上设置防火墙，防止孩子受到不良文化和信息的影响。

2.和孩子一起上网

网络的确可能会给孩子的学习带来不良影响，但并不是洪水猛兽，网络的作用不能全盘否定。妈妈可以和孩子一起上网，这样不仅能起到监督作用，还能共同探讨网络中的很多问题，可谓两全其美。

3.定规矩，合理上网

妈妈应心平气和地与孩子定一些彼此都接受的规则，如只能进入指定的几个网站；别人推荐的网站须经过家长同意才能进入；要保护自己和家庭的隐私，不能在网上留下家里的电话；每天上网时间不超过两小时等。

4.孩子有网瘾时，要逐步地帮助孩子戒除

对于孩子的网瘾，妈妈可以巧妙运用递减法逐步地帮助孩子戒除。例如，从原来每天上网5小时改为4小时，再改为3小时，逐步减到每天一两小时，慢慢恢复到正常状态。不能急于求成，要在循序渐进中慢慢收到成效。

5.引导孩子利用网络来为生活服务

网络为生活带来的便捷早已毋庸置疑，妈妈要教会孩子利用网络信息的庞大和快捷，为生活带来方便。例如，当全家要外出旅游时，你可以将查路线、订酒店等任务交给孩子；当你需要某种书籍时，也可以让孩子在网上为你购买。让孩子体会到成就感的同时，还能开阔孩子的视野，培养孩子的生活自理能力。

其实，上网就像上街一样，刚开始，你可以带着孩子，让其注意安全，遵守交通规则。等到他熟悉了基本的路径后，家长就可以松开手，看着孩子操作。只有在孩子形成了良好的上网习惯后，家长才可以放心轻松地站在孩子的身后！

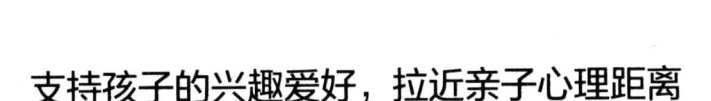

支持孩子的兴趣爱好，拉近亲子心理距离

每个孩子都是一粒亟待发芽抽枝、开花结果的种子，也许他是玫瑰花种，将来会绽放绚烂的玫瑰花；也许他是小小的草籽，将来会焕发出绿色的、倔强的生机……然而有一点不容置疑：孩子天赋的发挥离不开妈妈对其兴趣爱好的支持和鼓励。

然而，现实生活中，一些父母认为成绩好才是王道，于是，他们把所有精力都放在引导和帮助孩子提高学习成绩上。而事实上，正是因为父母对孩子兴趣爱好的忽略，才导致孩子关上了与父母沟通的心门。

另外，从社会对未来人才的要求来看，真正能在社会上获得很好发展机会的人，都是具备良好的创新能力和全面发展的人。因此，家长不要为了追求短期的效应，让孩子把所有精力都放在学习上而忽视了其他方面的发展。尊重孩子的兴趣，让孩子玩得自主，孩子才会快乐地学习和成长，这才是防止孩子在未来出现短板的最好的教育方法。

具体来说，妈妈需要做到以下几点：

1.尊重孩子的兴趣和爱好

日常生活中，妈妈应该多给孩子选择的权利，从孩子的兴趣爱好出发，否则可能会事与愿违，严重的还会导致孩子产生厌学情绪，对孩子的生活和学习产生消极影响。在缺乏尊重的家庭环境中，孩子没有自己的意识，丧失了独立思考的能力，将来走上社会，也难以适应社会的发展。

妈妈应该尊重孩子的身心发展规律，在了解孩子兴趣的基础上，和孩子商量，尽量让孩子自己拿主意。这样孩子会感激你的理解，在学习的过程中才会

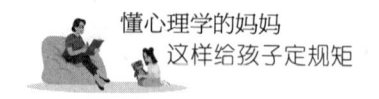

更有积极性。

2.不要把你的兴趣和爱好强加给孩子

很多有所成就的家长都希望孩子能按照自己的兴趣爱好学习和发展，甚至为他们规划好了人生。生活中这样的例子也是数不胜数：医生的女儿当护士，教授的女儿当老师……

父母总把孩子放在自己的掌心，而孩子却渴望拥有一片自己的天空。这种"独裁"只会让孩子离你越来越远。中国的家长太喜欢包办代替，操心受累之余还总爱委屈地说一句："我什么都替他想到了，能做的我都做了，我容易吗？"可是对于这一"替"，孩子不但不领情，反而加剧了他们的逆反心理，尤其是年纪稍大点儿的孩子，他们更愿意固守自己的意志而拒绝家长的好心安排。因此，妈妈们不要把你的兴趣和爱好强加给孩子，让孩子自主地选择他的兴趣爱好。

3.听取孩子的意见

孩子也是独立的个体，童年时期的孩子更是如此，他们更希望从家长那里得到认同和支持。因此，妈妈不要一味地为孩子作决定，而应该认真、耐心地听取孩子的意见，给予他们支持。

4.不要有功利心理，要允许孩子发生兴趣转移

人的兴趣爱好不一定是一成不变的，大人亦是如此，更何况孩子。随着孩子年龄的增长、接触面的拓宽以及自身社会经验的加深，他们的兴趣也可能发生变化，如小时候他喜欢钢琴，现在却对计算机感兴趣，而有些家长出于功利心理，不能接受孩子的兴趣转移。例如，因为当初给孩子买了钢琴，就不允许孩子的兴趣再发生变化了。这些家长可能强迫孩子天天练琴，直到孩子彻底丧失对钢琴的兴趣。

其实，孩子拥有丰富的兴趣对自身发展是极其有利的，妈妈要鼓励孩子全面发展自己的兴趣，并允许孩子的兴趣发生转移。

一个人，如果不能在诸多方面得到发展，在某一项上存在严重短板会影响他的前途。因此，作为父母，在与孩子沟通的过程中，一定不能只看重孩子的成绩，还应该尊重孩子的兴趣爱好，并支持和鼓励孩子发展自己的兴趣爱好。这不但有利于增进亲子间的关系，也能让孩子得到全面的发展。

孩子缺乏学习兴趣，妈妈如何培养

当今社会，只有努力学习，才会具备竞争力，孩子也是如此。知识是衡量一个人的素质和修养的重要标准，而具备学习的动力是孩子学好知识的源泉，这种动力很大程度上理解为学习兴趣。其实，孩子天生是好学的，两三岁时他们总对外界事物充满好奇，只是很多父母曲解了教育的含义，认为给足孩子物质条件，孩子就能学好，而忽视了培养孩子的学习兴趣。

其实，孩子很愿意主动去学习，家长并不需要过多担心。但实际上，现代社会家庭中出现的各种不利于孩子学习的因素，导致了孩子学习怠惰，造成孩子内在的学习兴趣逐渐消失。我们不妨看看面对以下情况，妈妈是怎么做的：

（1）当孩子向妈妈提问时，很多妈妈一般把所知的全部告诉孩子。这样做，就会令孩子无法体验自己寻找答案的乐趣，从而扼杀了他们的内在学习动机。同时更会让他们养成依赖性，极易放弃的习惯，令他们失去自学能力。

（2）当孩子要求妈妈帮忙做某些科目的练习，如收集或整理资料时，不少妈妈都会帮忙，甚至会视为"家长作业"尽心尽力地完成。然而，孩子却因此失去了一次难得的学习机会。

俗话说得好："天生我材必有用。"培养孩子学习的兴趣，让兴趣这个老师督促孩子学习，孩子必能发挥其最大的潜能学习，并有所建树。而妈妈应该顺应孩子的成长规律，不应该压抑孩子的好奇心、禁止孩子发问，而要鼓励他，因为长大后，他就不一定想知道那么多了。另外，妈妈也应该多带孩子出门，让他多接触新事物。

妈妈都希望自己的孩子能轻松愉快地取得好成绩，而培养孩子的学习兴趣就是一个很好的选择。学习兴趣是推动孩子学习的一种最实际的动力，它能够促使孩子自觉地去学。一般来说，孩子的学习兴趣与他的学习成绩、学习信心是相辅相成的。他对某门功课有兴趣，学习成绩就会好，学习信心就会足。因此，对孩子学习兴趣的培养很重要。那么，妈妈应如何培养孩子的学习兴趣呢？

1.尊重孩子的兴趣

很多家长认为，教育孩子，就应该让孩子成为一个全能型人才，于是从孩子一入学开始，就千方百计想让孩子学得好，懂得多，所以家长把孩子的双休日、节假日都安排得满满当当。事实上，孩子多学点儿东西是好的，家长这个出发点也是好的，但孩子是否喜欢学呢？家长不要强迫孩子学这一样，不学那一样，而是应该多给孩子一些自由宽松的空间，让他自己去选择感兴趣的、喜欢的事。例如，有些孩子并不喜欢弹钢琴，而喜欢动手操作，搞一些小制作。对此，妈妈就认为这不应该是孩子的兴趣所在，便会加以阻止。其实，这也是学习的过程，这样孩子还会学得自觉、开心，况且这样的活动，不仅能让孩子的思维能力得到发展，还能提高他的动手操作能力。

妈妈不但不应该阻止孩子，还要根据孩子的这个兴趣特点，为他提供有关的书籍，创造机会让孩子参加一些有益的活动和比赛。许多事实证明，小时候培养的兴趣往往为一生的事业奠定了基础。有些妈妈对孩子寄托了很大的希望，但她们往往按照自己的主观意志去规定孩子的兴趣，而不是尊重孩子自身的学习兴趣和发展规律培养孩子，这样往往会事与愿违，耽误孩子的发展，因为同样一套教育方式并不是在每个孩子身上都适用。

2.注意把孩子原有的兴趣与知识学习联系起来

学生的天职就是学习，妈妈应该注意把孩子原有的兴趣与知识学习联系起来，将兴趣引导到学习上来，以培养和激发孩子新的学习兴趣。

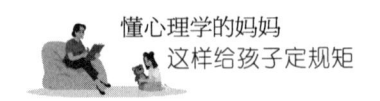

3.了解孩子的学习能力

切记千万不能将自己的理想模式强加给孩子，每个孩子都有自己的特点，目标的制定还要因人而异，即使制定训练目标后也应不断调整，使之始终处于理想的模式。

4.要让孩子有危机感，给他适当的压力

父母不可能永远庇佑孩子，也不能呵护孩子一辈子，这是一个不可回避而且必须想得清清楚楚的问题。因此，孩子必须努力学习，父母也必须给予孩子适当的学习压力。这种压力也能转换为学习动力，但学习动力的形成，最好不是灌输，要形成自觉，即妈妈要引导孩子自己分析出来。同时，妈妈也要让孩子对自己成长生活的小环境和大环境有正确清晰的认知，有危机感。关于大环境，大家通用的口头禅就是"现在是竞争社会"。在这里，妈妈要让孩子明白，面对这个竞争激烈的大环境，他们要做的应当是热烈响应，并积极参与其中——要让孩子真心向往和接纳竞争。

但要提醒妈妈们的是，危机感要适度，要让孩子有一定的安全感。要有护佑，这护佑当然不是权势和金钱，而是妈妈与他一起努力，一起奔跑前进，是交流和鼓舞带来的信心。

正确的教育培养孩子的学习兴趣，为孩子制定学习和娱乐的规矩，可以让孩子快速提高成绩，也可以减轻自己的负担和压力，具备实力的孩子定能在未来竞争激烈的大环境中出类拔萃！

妈妈和孩子一起进行娱乐活动

对于孩子来说，他们从学龄期开始，大部分的时间都在学习，高强度的学习生活让不少孩子感到压力很大，孩子玩耍的时间越来越少。对此一些妈妈认为，孩子的主要任务不就是学习吗？一些妈妈更是剥夺了孩子所有的娱乐爱好，长久下去，孩子只会对妈妈失去信任，不仅会影响亲子关系，对孩子的成长也是不利的。其实，在教育孩子的过程中，重要的是全方位地关注孩子生活、学习中的真正需要，尊重他们，真诚地关心他们，让他们信任你，像朋友一样和他们交往。如果妈妈能带领孩子娱乐，并且与孩子制定规矩，孩子是能把握好娱乐的度的。

妈妈要明白的是，父母和孩子之间的关系是长期建立的，因此，丰富孩子的家庭生活需要长期的努力。那么具体来说，妈妈应该怎么做呢？

1.引导孩子读书

妈妈往往会把自己的读书兴趣和习惯传递给孩子，孩子会在潜移默化中受到影响。美好的亲子阅读时光和互动，不仅能让孩子自由地发问、思考，而且能增进亲子感情。妈妈对书中内容的引导也会给孩子留下深刻的印象。

2.让孩子在游戏中学知识

每个孩子都不喜欢枯燥的学习形式，妈妈和他一起游戏，就能够在欢乐的气氛中把知识传递给孩子。当然，这种方式只适合年龄尚小的孩子，而且游戏也不能是网络游戏，要是一些益智类游戏。

3.多带孩子出去走走

有人说，读万卷书，不如走万里路。其实，哪一样都很重要。读书是一个

持续的过程，而孩子对大自然的欣赏、对民俗风情的理解以及对另一个环境里的人的生活状态的认识，都会对孩子未来的生活和职业选择产生深远影响。

4.让孩子学会多探索，多记忆

孩子的记忆力是超过我们想象的，他们在眼睛看、耳朵听的同时，还在积极思考。所以，妈妈可以通过各种方式让孩子在知识的海洋中探索。

5.丰富孩子的课余生活

父母可以根据孩子的个性特征，培养孩子的一些爱好，如陪他读书，让他听名家的琴曲。虽说这样不能培养出"琴棋书画"样样精通的孩子，但是这对孩子的性格修养、丰富孩子的精神世界和培养良好的心态都是大有裨益的。

成长期正是孩子人生观和价值观的形成期，这一时期，孩子好奇心强、自制力弱，极易受到异化思想的冲击。无论何种形式的娱乐都带有趣味性，能帮助孩子成长，但沉溺其中就对孩子的成长极其有害，妈妈要意识到这个问题。通过丰富孩子的精神世界，让孩子把握好娱乐的度，孩子自然能学会如何自制。

其实，不仅是孩子沉溺于玩乐中，对待孩子成长中的其他问题，也同样是这样。丰富孩子的精神世界，才能培养出懂得更多、更自信、更坚强、更聪明、更优秀、更健康的孩子，才能彻底改变他们的不良行为和习惯，从而使他们树立正确的世界观、人生观和价值观。

第 02 章

定学习规矩要贴合孩子心理，指导孩子快乐高效学习

　　学习成绩的好坏从一定角度上来说是衡量孩子学习状况好坏的重要指标。毋庸置疑，孩子在校期间的主要活动是学习，我们的孩子都需要我们对其进行学习上的辅导。然而，孩子毕竟是孩子，缺乏一定的自觉性和自制力，这就需要我们为之定立规矩。当然，更要注意方式，我们要从孩子能接受的角度培养孩子的学习兴趣、激发孩子的求知欲、传授正确的学习方法，从而让其提高学习效率，提升学习成绩！

循循善诱，用心理学方法让孩子养成预复习的习惯

当孩子还小的时候，妈妈为孩子的饮食起居、行为习惯操碎了心，而到孩子进入学校之后，很多妈妈认为，孩子终于大了，终于可以不用像他小时候那样劳心劳力了。于是，部分妈妈把孩子全权交给学校管理；也有一些妈妈则是完全相反，她们认为学校学习是孩子的关键时期，于是，紧盯着孩子的学习，但因为方式方法的不正确，对于孩子的学习并没有多大帮助。

其实，要想让孩子高效地学习，正确的学习方法至关重要，其中，必不可少的环节就是预习和复习。科学地学习，需要遵循课前预习、上课认真听讲、课后复习的"三步走"，这是最朴素也最经典的学习过程。只有提前预习了，上课才能有目的地去听讲，才能有的放矢地、更高效地去吸收知识，而不会被老师牵着鼻子走；课后一定要及时巩固复习，复习得越及时，知识就掌握得越快、越牢固。

课间的时候，同学们经常会谈论到自己的父母。

"我爸和我妈似乎一整天都很忙，我放学回家，他们只会叮嘱我要好好学习，却从来不会多花心思在我的学习上，更别说辅导我预习、复习功课了。"一个同学谈到自己的父母时这样说。

"我爸妈倒不是这样，但他们对我盯得太紧了，我一回家，他们就会问我当天学了什么，从小学到初中都是这样，这倒是一个很好的回顾、复习课堂内容的好办法，但回答完以后，我哪里还有时间去预习新课程？所以，我经常会觉得老师上课所讲的内容很陌生……"

这时候，班主任老师也加入学生们的谈话："我认为各个层次的学生都需

要预习。成绩好的学生，预习工作可以跳出课堂、跳出学科，拓宽视野。而对学习成绩不好的学生来说预习更重要，否则讲课时往往会被老师牵着鼻子走，没有一点儿自己的主动性，听课很累。而预习之后，假如这堂课上的三个知识点，他能提前弄明白一个甚至两个，那么就能较快地进入课堂，听课时也会有侧重点和针对性。"

"是啊，预习和复习在学习过程中都很重要，一样都不能落下啊……"

那么，妈妈应该怎样帮助孩子做好预习和复习，成为孩子的"家庭教师"呢？

1.预习

预习很重要，但前提是必须有科学的预习方式，如果预习不得法，有时会适得其反，如孩子其实只抓住了点儿皮毛、知道了点儿结论，却错误地认为自己都懂了，上课就不注意听讲，这样就错过了知识的来龙去脉等重点，显然是捡了芝麻丢了西瓜。妈妈监督孩子预习时，可以运用以下两个方法：

（1）教导孩子根据老师的上课方式预习。妈妈可以告诉孩子，在制订自己的预习方式时，最好先想想老师的上课方式是怎么样的，或索性去问一下老师该怎样预习。因为预习的目的是课堂上能听得更好，而课堂计划是由老师来制订的，所以孩子的预习也要与课堂配套。

（2）让孩子与习题配套预习，以便查缺补漏。让孩子预习就意味着孩子在认真投入学习之前，先把要学习的内容快速浏览一遍，了解学习的大致内容及结构，以便课堂上能及时理解和消化。当然，这要注意轻重详略，在不太重要的地方可以少花点儿时间，在重要的地方可以稍微放慢进程。另外，妈妈在孩子预习前，可以购买一本与课本配套的练习册，买练习册时要特别注意，别买参考答案只有一个数字的那种，而要选择有详细解答过程的，这样有助于孩子理顺思路，做错了也能弄明白为什么错，对于不懂的地方可以做出标记。

2.复习

与预习相对应的，就是复习。很多孩子一听到复习，就会认为是期末考试前的复习，其实片面了。还有一项复习工作，那就是日常复习。只有做好复习工作，孩子才能取得一个很好的成绩。妈妈可以指导孩子掌握以下复习要点：

（1）多种形式复习。复习是对信息的重新编码，可以采用看、听、记、背、说、写、做等多种形式复习整理知识，不必一味地机械重复。研究表明，复习的效果在于编码的适宜性，而不在次数。

（2）当天进行复习。要求孩子听讲之后尽早进行复习，可减少遗忘。同时可把新旧知识联系起来，搞清楚知识前后的联系和规律。

（3）单元系统复习。这一般在测验和考试之前进行，这种复习重点领会各知识要点之间的联系，要抓重点和难点，并使知识系统化、结构化。对错题进行再次练习被证明是提高成绩的法宝。

（4）假期不忘复习。每年的寒暑假及劳动节、国庆节闲暇时间较多，这时妈妈可以督促和提醒孩子，除完成作业外，应适当复习，防止遗忘。在节假日，孩子还可以适当阅读课外书，加深和拓宽对知识的理解、巩固和运用。

知识的积累就像建造房子，从砖到墙、从墙到梁，是一个循序渐进的过程。妈妈在督促孩子学习的时候，也一定要让孩子养成预习和复习的好习惯，预习和复习的时间并不需要很长，但效果会很好。所谓"磨刀不误砍柴工"，说的就是这个道理！

了解孩子的学习状况，再帮其制订学习计划

可能很多妈妈会发现，你的孩子很懂事，即使你不叮嘱，他也明白学习的重要性，他一直都知道要做个优秀的学生，努力学习。但事实上，他似乎总是力不从心，似乎总是感觉时间不够用，学习效率也很低。这是为什么呢？

其实，这是因为孩子缺少一份合理的学习计划。合理的学习计划是提高孩子成绩的行动路线，是帮助孩子成功的有力助手。没有学习计划，学习便失去了主动性，容易东抓一把西抓一把，以至于生活松散，学习没有规律，抓不住重点。因此，妈妈要切实指导孩子制订合理的学习计划。制订一份合理的学习计划，就等于为孩子找到了促进学习进步的金钥匙。帮助孩子制订严格的学习计划，养成守时、有序、高效的好习惯，是孩子一生受用不尽的财富。

当然，孩子的学习计划应该由他自己来制订，妈妈所要做的应该是从旁协助的工作：帮助孩子把学习计划合理完善、监督孩子的执行、结合实际提出修改意见等，而不是越俎代庖，按照自己的希望替孩子制订。

那么，妈妈应该怎样帮助孩子制订学习计划呢？最好遵循下列几点要求：

1.合理安排时间，制订作息时间表

例如，你可以让孩子制订一张作息时间表，让他在表上填上那些非花不可的时间，如吃饭、睡觉、上课、娱乐等。安排好这些时间之后，选定合适的、固定的时间用于学习，以便能留出足够的时间来完成正常的阅读和课后作业。完成这些后，你要看看他在时间上的安排是否合理，如每次安排的学习时间不要太长，40分钟左右为最佳。学习不应该占据作息时间表上全部的空闲时间，总得让孩子给休息、业余爱好、娱乐留出一些时间，这一点对学习很重要。一张作息时间表也许不能解决孩子所有的问题，但是它能让你了解孩子如何支配这一周的时间。

2.学习任务明确，目标切合实际

孩子制订完学习计划后，妈妈应当加以审核，要确保孩子学习任务明确，目标符合实际，因为很多孩子制订学习计划时，总是"雄心勃勃"，一天的时间恨不得要完成一周的任务。这样不切实际的目标往往是导致计划不能正常执行的主要原因。

还有一些孩子，制订的学习计划很模糊，如晚饭后背英语、睡觉前温习课文等，这种计划看似没有什么错误，似乎也足够具体，但实际效果并不如意。因此，这种计划虽然可以给孩子一种学习的方向感，但孩子到了执行计划的时候，会不知从何开始，如果把目标再具体细化到：晚饭后背单词10个、睡觉前温习第几课课文、晚上8点半整理出三角形公式等，效果会更好。而且如此具体的任务分配也有利于孩子自检任务完成状况。

3.学习计划应与教学进度同步

妈妈在帮助孩子制订学习计划的时候，一定要注意与教学进度同步，只有这样，孩子才能把预习和复习纳进学习计划中。这就要求，孩子以学校每日课程表为基准，参照老师的授课进度，并结合自己的学习状况制订计划。计划有多种：日学习计划，可建议为某门落后的功课或某门感兴趣的功课多安排些时间；还可以制订单元或专题复习计划，以便有序、有计划地学习。

4.计划应该简单易行而富有弹性

整个计划要有一定的机动灵活性。正常情况下，计划都应该严格按时完成，但孩子的生活受很多因素影响，难免会有特殊情况，这就要求计划不能过于僵死呆板，要有一定的灵活性，可以不至于因为一个环节不能完成而打乱后面的所有计划。同时，学习计划也只是一个学习的构想，千万别把计划定得过于详细、紧凑。而且，如果刚开始孩子没有按质按量地完成学习计划，也不要

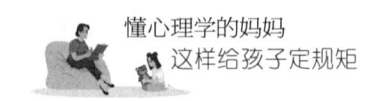

责备甚至训斥孩子,这样会打消孩子的积极性。

妈妈在帮助孩子制订学习计划后,还要监督和协助孩子执行,通过科学的安排、使用时间来完成这些计划,同时要把充足的睡眠、合理的进餐与有序的学习有机结合起来,否则,即使再完美的计划也只是纸上谈兵!

规定孩子每天阅读10分钟

有人说，人的灵魂不能浅薄、庸俗、无聊，它永远在追求最高尚的东西，而使之高尚的重要渠道就是读书。书是人类进步的阶梯；书是智慧的殿堂，珍藏着人生思想的精粹，是金玉良言的宝库。我们培养孩子，使之成为一个精神富足的人，方法有很多种，其中就包括读书，而让孩子爱上书籍的一个重要方法就是让孩子养成阅读的习惯。为此，妈妈可以为孩子规定每天阅读10分钟，久而久之，孩子的知识面和阅读能力就会提升不少。

我们先来看看下面故事中的妈妈是怎么教育孩子的：

"我在一家私营企业担任会计，每天有干不完的事情，即便这样，我还是不忘对女儿的教育。女儿今年6岁了，年初，我就和老公商量，谁有时间，谁就带女儿去图书馆。刚好，最近我在电视上看了一个'书香润童年'的活动，主要是倡议家长鼓励孩子多看书。还记得我在北京读书的时候，第一次上古代汉语课，教授说他这辈子第一次去首都北京，最难忘的不是天安门，也不是长城、故宫、颐和园，而是首都图书馆。他说当他一走进首都图书馆的大门，立刻就被知识的力量震慑住了，浩瀚的知识海洋把我们映射得如此渺小。

"'学无止境'，这就是图书馆给我们每个人的感觉。周末，我说去图书馆，女儿一脸兴奋，不错，小家伙对读书不排斥。来到图书馆，我先办了读书卡，然后对女儿说：'小白，进到图书馆里面一定不能大声说话，因为叔叔阿姨们都在安静地读书学习，声音太大会影响别人，你要像楼下的小妹妹睡着了那样轻轻地走小声地说。'女儿用力点点头'嘘'了一下。

"看了一下图书馆的布局图，我发现儿童读物在三楼，走到三楼阅览室，

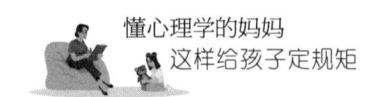

我再次对女儿'嘘'了一下,女儿非常配合,静静地随着我穿过一排又一排书架,最后找个位子坐了下来。小家伙找到自己喜欢的读物后,就乖乖地看了起来。

"到下午5点的时候,我提醒女儿该回家了,她才不舍地离开图书馆,我问女儿有什么感受,她说:'妈妈,以后我们可不可以自己盖一个图书馆,里面好多好玩的东西。'我知道,我们这一次的图书馆之行起作用了,女儿爱上读书了。"

这个故事中,我们看到了一对母女的图书馆之旅。可以说,从小出入图书馆的孩子有着卓越的学识和特有的气质,因为读书是一门精神功课,对人有潜移默化的感染。这种特殊的气质,就是由阅读潜移默化养就的。因此,即便你的孩子相貌平平,但只要你经常带他出入图书馆,让他进入浩瀚的书海,他就能获得新生,就会变得越来越自信,变得越来越有气质。这种学识从他的一举一动上都尽显无遗。

然而,孩子还小的时候,并未认识到阅读对人的精神世界的润养作用,为此,我们需要与之定规矩,帮助其养成阅读习惯。妈妈们需要做到以下几点:

1.弄清孩子不爱阅读的原因

如果你的孩子不爱读书,你需要了解孩子不爱读书的原因,是因为识字量不够,还是对内容不感兴趣。如果是识字量问题,可以先引导孩子听书,让他感觉书里有很多有意思的东西,再引导他看书。当孩子对书籍感兴趣了,才会愿意主动阅读。如果是内容问题,你可以从孩子感兴趣的内容入手,逐渐扩展。

2.帮助孩子挑选读物,让其读好书

真正有利于孩子成长和身心健康的书才是好书。另外,虽然图书馆的书浩如烟海,但不同年龄段的孩子,应读不同的书,而读什么书,需要妈妈对孩子进行引导。

3.为孩子规定，每天最少阅读10分钟

习惯的养成最少需要21天，孩子的阅读习惯也是如此。一开始，我们可以带领孩子阅读，当孩子养成习惯以后，就会把阅读当成每天的精神食粮和必修课了。

所谓"腹有诗书气自华"，我们应该明白的是，丰富孩子的视野、提升孩子的品格最为重要的方法之一就是阅读。因此，妈妈应为孩子定规矩，让孩子在书籍的海洋中遨游，以此来扩大他的阅读量，丰富他的视野。和书籍在一起，孩子永远不会叹息，永远会精神饱满、朝气蓬勃！

每个孩子都要有一套自己的学习方法

家长都希望孩子有个好的学习成绩，然而，在现实的家庭教育中，我们的孩子似乎总是很努力，但成绩却总是提升不上去。其实，我们的孩子都很聪明，没有智力障碍，只是学习方法和学习习惯不同而已。每个孩子都有属于自己的学习方法和习惯，有的学习很轻松，学习习惯也好，这无外乎课堂认真听讲，基础知识掌握得好，灵活运用能力强；而有的孩子学习死板，学得很累，课后用10倍时间学习，效果也不好，这样就需要妈妈为之制定一些学习上的规矩，帮助其改进学习方法。

周涵涵是彤彤班上的学习委员，从小学开始，学校光荣榜上就一直有她的名字，进了初中以后，她成绩还是那么好。在她的同学眼里，周涵涵就是个"屹立不倒的神话"，很多同学都向周涵涵取经，问她有什么绝妙的学习方法。

周涵涵说："我觉得我的学习方法对我很有用，但对你们，我就不知道管不管用了。我不怎么喜欢每天挑灯夜战，我一般做完作业以后就睡觉了，然后我每天早上会醒得很早，一般你们是6点多起床，我5点就醒了。而这段时间，我会拿来记单词，不知道为什么，我这时候背的单词都不会忘记。另外，对于理科，我会学习好课堂上老师讲的每一个知识点，然后在课下花点儿时间复习一下，就能巩固了。其实，学习并不是什么难事，每个人都应该有属于自己的一套学习方法，并不是千篇一律的。"

"可是，我们都不知道什么是属于自己的学习方法啊！"

"我们可以求助于父母啊，他们是了解我们的，而且他们是过来人，我们学习上的一些不足，他们是能看出来的。"

"是啊，我回去得和爸妈好好谈谈。"

初中课堂教学内容与小学阶段明显不同，孩子面临的学习任务和内容差异很大。总体来看，小学的课堂教学氛围活泼，容量小，作业量少，注重基础知识的学习和巩固，拓展性小。而中学课堂教学氛围严肃，容量大，科目增多，而且都是有独立学科体系的内容。这些变化都要求孩子调整自己的学习方法，而调查显示，90%的孩子没有自己的学习方法，纯粹采用传统的填鸭式教育。这就导致很多孩子虽然很努力，可是成绩却依然提不上去，进而使孩子变得厌学贪玩，而家长就开始为孩子厌学、贪玩而苦恼。也有一些家长会疑惑：为什么有的孩子能轻轻松松地学好，而有的孩子很努力却学不好？这还是因为学习方法上的差异问题，孩子有一套属于自己的个性学习方法，自然能学得好。

那么，妈妈怎样帮助孩子找到属于他自己的个性学习方法呢？

1.认识到孩子的特殊性，尊重孩子的学习兴趣

适合孩子的学习方法一定要建立在孩子的学习兴趣上。生活中，当孩子没有达到家长预期的目标时，就觉得孩子出了太多问题，家长愤怒了，或是责骂孩子，或是语重心长地教育孩子。对此，孩子沉默了、愧疚了、自卑了……很多时候，孩子就是在这样看不见也摸不着的教育暴力中失去了成长的快乐和发展的潜能。而即使家长为孩子打造出的学习方法再完美，也不一定适合孩子，因为他对此方法根本不感兴趣。

家长应重视孩子的个体差异，充分考虑孩子的优势智能，注重对孩子的兴趣和个性的培养，帮助孩子找到属于自己的"钥匙"。

2.根据孩子的生活习惯和时间安排孩子的学习，让孩子高效地学习

德国哲学家莱布尼茨曾说："凡物莫不相异，天地间没有两个彼此完全相同的东西。"因此，每个人的机体存在差异，这是毋庸置疑的。同理，孩子在生活习惯上自然也有所不同，如有些孩子喜欢在晚饭前学习，而有些孩子在睡

前的某段时间能发挥记忆的最好效果。对此，妈妈都要留意并根据孩子的生活习惯和时间来帮助孩子学习，只有这样，他才能以最快的时间进入学习状态，提高学习效率。

3.掌握小窍门，让孩子尽快进入学习状态

如何让孩子尽快进入学习状态，是广大家长最为关心的一个问题。拥有9年个性化教育研究经验的教学专家认为：家长个性化的监督和引导是孩子安心学习的关键。在此，他教了家长们帮助孩子收心的小窍门：家长不要给孩子过多压力，要鼓励孩子适当地多看书，或者陪孩子适当做一些体育锻炼，让孩子的身心放松下来。另外，家长可以帮助孩子制订一个切合实际的学习计划，每天定期了解孩子的学习表现，多给孩子鼓励和建议，使孩子保持积极向上的心态。

4.训练孩子解决问题的能力

拥有解决问题的能力才是制胜的法宝。妈妈在帮助孩子寻找适合他的学习方法时，这一点乃重中之重。要训练孩子这一能力，就要着重培养孩子自主学习和正确的思维方式，长此以往，孩子的成绩及综合素质将能够稳步持续地提升。

总之，帮助孩子找学习方法，需要依据孩子个人的习惯、兴趣、时间安排、生理状态等。所以，你要想成为孩子的家庭教师，就要全面了解孩子，然后作出具体的计划安排。学习方法只有适合孩子自己的才是最好的。有针对性地制订出一套独特的、行之有效的教学方案和心理辅导策略，不仅能使孩子掌握一种切合自身的学习方法，提高学习成绩，更重要的是让孩子的心理和心态更健康！

告诉孩子，课后作业必须独立完成

我们都知道，学习是学生的天职，而要学习就离不开做作业。可能有些学生认为，只要听好课就能取得好成绩，作业做与不做无所谓，于是，他们常把作业当作完成任务，也有很多抄袭作业的现象。实际上，老师布置的作业都是他所讲知识的浓缩，做好作业，能帮助学生更好地消化和掌握这些知识。

我们发现，那些成绩优异的孩子在分享自己的学习经验时，都会提到独立完成作业这一点，他们认为，认真做老师布置的作业也是准备考试的重要环节。老师布置的作业要独立完成，努力思考，积极开动自己的大脑，结合上课老师所讲的方法认真做题。

为此，我们要与孩子订立规矩——独立完成作业，让孩子把每次的作业当成一次考试，因为只有专注，才会有高效率的成果。

有位母亲谈到教育孩子的经验时说："常常听有些家长说自己的孩子晚上作业都要做到12点。其实并没有这么多作业，问题的关键是效率不高。在我看来，提高效率有两种基本途径：专注和限制时间。专注说来容易做起来却很难，所以我们可以慢慢培养孩子的专注力。我们家很小，所以我的女儿每天都是趴在饭桌上学习的。她告诉我，饭桌上的香味往往很容易分散人的注意力，但她会不断给自己暗示，必须投入学习，心无旁骛，现在看来效果真的不错。限制时间是提高效率的另一个有效途径。平时做作业就要训练自己在规定时间里完成，这样到了考试时才会从容不迫。"

的确，孩子做作业时要做到两点：专注和限时，而这两点是任何一个成绩优异的孩子都必须训练出来的素质。

如果你问：人在什么情况下才能不走神呢？只有当一个人被规定在一定时间内要完成某一项任务时，这个人的注意力才会高度集中。考试基本功的好坏就在于平时对作业的态度。因此，我们应该对孩子的考试素养和习惯进行培养，我们要告诉孩子，在做作业的时候，也要像考试一样紧迫，那么考试的时候就感觉像在做平时的作业，就会很容易。

独立完成作业，强调的当然是"独立"二字，作业不独立完成就完全失去了作业的积极意义，那还不如不做。此外，我们要让孩子明确的是，一定要坚决反对那种单纯任务观点，为应付老师检查而做作业的不良习惯。作业实际上是课堂学习的继续，通过做作业巩固课堂所学知识，检验课堂听讲的效果，培养自己独立思考、分析问题、解决问题的能力，提高学习的自觉性和积极性。当然，作业中出现的疑难问题，在经过充分的思考、分析后可以向老师、同学请教或开展讨论，对作业中的错误，要及时订正并分析原因。

可见，一个学生，只有做好作业管理，才有可能取得好成绩。而妈妈就要给孩子订立规矩，力求孩子在做作业时做到限时和专注。那么，妈妈该怎样做呢？

1.限时

孩子回家写作业，要记录做作业的时间，要限时学习，以提高学习效率。但是，限时学习要根据孩子的作业量来分配时间。作业多，时间就长点儿；反之，时间就短点儿。而不能随意限制时间，否则起不到限时学习的作用。

2.专注

孩子做作业时，告诉孩子一定要坐得住，家长也不要打扰孩子。身处安静的学习环境，孩子才能专心学习。我们可以帮助孩子限时，要记录开始和结束的时间，至少要45分钟不动地方。

总之，我们如果能让孩子记住以上两个做作业的要点，相信孩子一定能从做作业中有所收获！

第 03 章

安全第一，巧用心理学方法告诉孩子要学会保护自己

我们时刻都为孩子担心着，因为他们还很小，像一件易碎的艺术品，必须好好呵护。外面的世界纷繁复杂，孩子随时都有可能受到伤害，基于这一点，妈妈必须教会孩子学会保护自己，先让孩子有一种自我保护的意识，然后为其制定一些安全规矩，毕竟我们不可能保护孩子一生，未来的路还需要孩子自己去走。让孩子练就一身自我保护的本领，就是让孩子拥有了黄金甲，未来的路，孩子也能自己坚强、勇敢地走！

告诉孩子要敢于拒绝别人

谦让是中华民族的传统美德，大多数家长都希望自己的孩子能养成慷慨、大方、谦让的美德，这也是一个人必须有的品德。但任何事情都要讲究一个度，若是轻易承诺了自己无法履行的事情，将会带给自己更大的困扰和沟通上的困难，这就需要学会拒绝别人。古人云："有所不为才能有所为。"这个"不为"，就是拒绝。毕淑敏也说："拒绝是一种权利，就像生存是一种权利。"你如果不会拒绝，就会时时处于被动地位，给别人得寸进尺的机会。

但有些孩子不会拒绝别人，究其原因是家长包办太多。例如，家里来了小客人，家长总是希望自己的孩子能表现得很好客。于是，当别的孩子想要这个玩具或者那个玩具，而自己的孩子恰好也喜欢时，家长可能出于礼节觉得应该教孩子谦让他人，因此总是极力劝说自己的孩子放弃需要，来满足小客人的要求。虽然这种做法被许多家长一直延续着，也确实能让家长面上有光，但是，从孩子成长的角度来说，家长的这种做法剥夺了孩子自己做主的权利，对孩子以后的成长是极其不利的。

也有一些家长"越俎代庖"，有些孩子虽然有不愿意的情绪，但是因为胆量较小，不敢自己去拒绝，这时，家长往往会替孩子拒绝他人，维护孩子的权益。但这样做的结果，就是使孩子失去了实践的机会，从而导致胆量越来越小，越来越不敢开口说"不"。

总的来说，孩子不敢拒绝别人是由于家长的错误教育。妈妈要把孩子培养成一个勇敢的人，就必须为他制定规矩，告诉他要大胆拒绝别人，但这个过程也需要妈妈的引导，因为拒绝别人实在不是一件容易的事。有些孩子在拒绝对方时，因感到不好意思而不敢据实言明，致使对方摸不清自己的意思，而产生许多误会，同时也容易给自己造成心理压力。大胆地拒绝别人，是相当重要却又不太容易的事情。教会孩子学会拒绝别人，将使孩子受益终身。那么，妈妈该怎么做呢？

1.教孩子泰然接受他人说的"不"

在日常生活中，即便是在孩子小的时候，妈妈也应该在孩子头脑中强化一个概念：别人的东西不属于我。这样，孩子也就能泰然接受他人说的"不"。

2.让孩子坚持自己的决定

有些孩子不敢拒绝同伴的要求是因为害怕别人不跟自己玩，害怕被孤立，于是，别人要什么东西，他就会拱手奉送，但事后他就后悔了。这种情况就是平常说的"没志气"，常发生在年龄较小的孩子当中。

这就需要妈妈逐渐培养孩子的果敢品质，自己说过的话、做过的事，就应该勇敢承担起责任来，自己拒绝同伴后就应该承担起受冷落的后果，而不是过后就反悔。

3.教孩子正确认识"面子"

孩子不敢拒绝他人还可能是为了照顾面子。例如，虽然自己的钱都是父母给的，但当别人来借钱去玩游戏时，为了面子还是会借给别人。有些孩子甚至发展到为了面子，别人叫他去做一些违反纪律的事情也会违心去做，而事后却遭到老师的批评。可见，让孩子学会拒绝就应该教孩子正确认识"面子"。

4.教给孩子委婉拒绝的技巧

拒绝别人的某些无法接受的要求或者行为时，妈妈要教给孩子应注意的方式、方法，不可态度生硬，话语尖酸。你要告诉孩子，先不要急着拒绝对方，可采用迂回委婉的方式说明自己的实际情况，这样既不违背自己的主观意愿，也可以给对方一个可以接受的理由。

其实，孩子在与小朋友自主交往的过程中，能学会有效地拒绝别人，也能学会友好地与他人相处，这同样是孩子成长过程中不可缺少的一种经历。当孩子没有勇气拒绝的时候，妈妈就可以尝试上面的几种方法。总之，家长所要做的，就是教会孩子如何平和地、友好地、委婉地拒绝别人的要求；同时泰然自若地接受他人的拒绝，而不是为孩子解决、包揽问题。教孩子学会拒绝，是家长对孩子独立性和自主精神培养的一个方面，敢于拒绝、勇于说"不"的孩子才是真正勇敢的孩子！

教会孩子运用心理技巧应对陌生人

作为成人，我们都深感社会越来越复杂，人生越来越艰辛。未成年的孩子，天生娇弱，更面临许多不可预料的复杂局面。父母和老师可以尽量为孩子创造安全舒适的生活环境，却不能一生都围在他的身边。离开家庭，孩子能不能很好地独立生活，能不能识别社会上一些不利于成长的因素，这是每一对负责任的父母必须考虑的问题。对孩子自我保护的训练必须从小时候开始，学会应对陌生人是孩子自我成长最重要的一步。

我们发现，社会上诱骗拐卖孩子的犯罪现象时有发生。让罪犯得逞的原因之一，就是孩子缺乏必要的自我保护意识能力。这些孩子往往会被陌生人的一些小小的诱惑或者恩惠所诱骗，这就告诫我们，一定要教孩子学会自我保护，认真培养孩子的自我保护意识和能力。具体来说，妈妈可以从以下几个方面培养孩子应对陌生人的能力。

1.告诉孩子，不要轻信别人

孩子的单纯和幼稚往往是某些人利用的工具，如"我是你爸爸的朋友""我是你妈妈的同事"等，这样一说，孩子就容易把对爸爸妈妈的那种信任转移到陌生人身上，轻易地听从陌生人的话。因此，妈妈应告诉孩子，无论在家里还是在外边，遇见自称爸爸妈妈同事或朋友的人，只要父母不在身边，就告诉对方自己不认识他们，然后离开，不要再理他们，也不要听他们的解释。

2.谢绝陌生人的礼物

多数孩子对诱人的食物、漂亮的玩具和其他新奇的事物，如新鲜的游戏项目等感兴趣，缺乏自制力的孩子很容易就会被诱惑。为此，妈妈要让孩子明白，无论多么诱人的东西，只要不是自己的，没经过爸爸妈妈同意，就不能接受；让孩子明白，陌生人不会无缘无故地送给自己东西，自己也不能随便接受别人的礼物。有时对孩子来说，拒绝诱惑是很艰难的。妈妈应为孩子制定安全规矩，并在平时扩展孩子的知识面，尽量多让孩子接受周围事物，见得多了，孩子也就不再大惊小怪了，再加上爸爸妈妈的嘱托，一般情况下，孩子会在一定程度上拒绝诱惑。如果孩子尚不能理解其中的道理，那就教会孩子简单而坚决地说："不，我不要！"

3.拒绝陌生人的请求

为了赢取孩子的信任，有些心怀不轨的人往往会想尽一切办法让孩子上钩，如向孩子"求救"，等孩子相信自己后再进一步行动。对此，妈妈要告诉孩子，有陌生人请求帮助的时候，让他们去找大人、去找警察。这不是禁止孩子助人为乐的行为，也不是推卸责任，而是为孩子自身安全提供一层保障。

4.强化孩子情境应变能力

在紧急状况下，孩子不可能记住只告诉他们一遍的事情。教会孩子应对陌生人的安全规则，是强化孩子情境应变能力的重要手段。而教会孩子这一原则的有效方法是通过做"要是……该……"的游戏，让孩子通过独立的思考对潜在的有害情境作出防护反应。例如，"雨下得很大，要是有陌生人邀请你搭他的车回家，你该怎么办？""要是有陌生人叫你的名字，并说你爷爷受伤了，由他来学校接你回家，你该怎么办？""要是在放学回家的路上有人跟着你，你该怎么办？"

另外，家长还可以用故事的形式教孩子学习故事中人物勇敢、沉着、机智的精神和本领。例如，《狼和小羊》的故事中小羊识破老狼假面孔的经过，会给孩子很大的启发。

我们这样做是要让孩子知道，在某些情境下有些陌生人不是好人。从中他还会知道，当陌生人朝自己走来或感到危险逼近自己时应当怎么办。这种信息增强了孩子的自我防护意识，同时也使他在日常生活中遇到许多没有危害的陌生人时不必感到恐惧。

我们虽然倡导互助友爱、互相信任的人际环境，然而，年幼的孩子尚不具备分辨能力，不能做足够的自我防卫，一旦有危险，他必然是受害者。因此，要想孩子平安健康地生活和成长，就要让孩子拒绝一切伤害。学会怀疑、学会拒绝，这是应对陌生人必需的几项素质，对孩子来说是必要的，因为孩子幼小的身体和心灵经受不住大的挫伤和打击。

告诉孩子遵守交规是安全出行的前提

现在，城市的街道上、胡同里人挤车多，乡村的街道、公路上车辆和行人来往也不少，交通事故常有发生，其中儿童遭遇车祸的情况也较多。所以从小教育孩子了解和遵守交通规则，是非常必要的。

有人认为，交通规则规定，6岁以下的儿童上街要有大人陪同，给孩子讲交通规则有什么用？其实，即使大人带着孩子上街、坐车，也应该把上面所说的交通规则告诉孩子，因为孩子是要长大的，总有一天要独自上街、坐车的，早点儿让他了解一些交通规则，总比等他独立活动时再急急忙忙地告诉他更有利。何况，孩子和小朋友一起闯到街上或者在街上与大人走散的可能性也是有的，让他了解一些交通规则，在他独立活动时肯定是用得着的。

教孩子了解并遵守交通规则，要多用具体生动的方法。具体来说，妈妈要做到以下几点：

1.让孩子了解交通规则

例如，"红灯停、绿灯行""行人要走行人道，没有行人道的要靠边走""行人过马路要走人行横道线，没有横道线的地方要先看左，后看右""不要在街道、公路上追逐打闹""坐车时不要把头、手伸出窗外"等。

2.父母以身作则，为孩子树立遵守交通规则的榜样

红灯亮起了，一群人站在斑马线的一端等绿灯。这时，穿行的车辆少了一点儿，人群中有人等不及了，要闯红灯过马路。有位领着女儿的妈妈也拉起孩子的手准备穿行，这时女儿抬起头问："妈妈，你不是说要等绿灯亮起才可以走吗？你要闯红灯了！"女儿的话让妈妈很没面子，妈妈恼火地看了女儿一

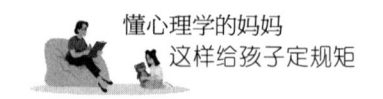

眼，想要斥责她，但忽然听到"吱"的一声急刹车，一辆轿车差点撞到闯红灯的行人。妈妈心里感叹：幸好有女儿提醒，否则后果不堪设想。

孩子不同于成人，仅靠说教也许不能引起他的注意。因此，父母要将这些道理反复地讲给孩子，并且要以身作则，自己坚持不闯红灯，过马路一定走斑马线，用自己的行为给孩子做出好的榜样。

3.在具体的交通行为中为孩子讲述如何遵守交通规则

例如，在公共汽车上，妈妈可以告诉孩子为什么不应把手和头伸出窗外，这样孩子就会有深刻的印象。走人行道、横道线等规则，也要在带孩子上街、过马路的时候边走边对他讲。另外，还要注意告诉孩子，交通规则就是为了避免出事故才制定的，只要遵守交通规则，就可以保证安全。但是，千万不要为了引起孩子注意，故意夸大其词地吓唬孩子，以免孩子以后一上街、过马路就紧张，反而更容易发生事故。

4.告诉孩子严格遵守交通规则

妈妈要告诉孩子，不仅仅是在车辆多的时候不闯红灯，即使没有车辆穿行也不能存有侥幸心理去闯红灯，要严格遵守"红灯停，绿灯行"的交通规则。

5.提醒孩子注意观察

妈妈应提醒孩子，过马路不仅要观察信号灯，还要注意左右看，观察周围是否有车辆通过。

6.告诉孩子过马路时要快速通过

当孩子学会了如何过马路后，妈妈还应告诉他，过马路时在保证安全的同时应加快步伐，迅速通过，以免遇到绿灯突然变红灯的情况。

7.告诉孩子遇意外情况不要强行通过

有时即使遵守交通规则也会遇到某些意外情况。例如，过马路时绿灯突然变成红灯，妈妈要告诉孩子，遇到这种情况千万不可强行通过，更不能与车辆赛跑，这样极易引发交通事故。最好待在原地不动，并时刻注意身边通过的车辆，以免被剐蹭，等绿灯亮了之后再通过。

从心理学角度激发孩子的自我保护意识

身心尚未成熟、社会经验不足的孩子，在面对侵害行为、自然灾害和意外伤害时，往往因处于被动地位而受到伤害。父母永远是孩子的保护伞，但不能随时随地地呵护孩子，所以父母在教给孩子自我保护的本领的同时，必须提高孩子的自我保护意识。这样，面对一些突发的事故和侵害，孩子才会积极地争取社会、学校和家庭等方面的保护；当这些保护不能及时到位的时候，孩子也会尽自己所能，用智慧和法律保护自己的合法权益，保护自己不受伤害。

其实，孩子的自我保护意识本身就很薄弱，在遇到一些紧急情况时往往会手忙脚乱、不知所措。为了提高孩子的自我保护意识，避免发生不安全事件，让他们健康快乐地成长，妈妈必须从小给孩子灌输自我保护的思想。

妈妈要告诫孩子注意以下几点，从而增强他的自我保护意识：

1.告诉孩子尽量避免去下列这些地方

（1）住人较少的学生宿舍。

（2）狭窄幽静、灯光昏暗的胡同和地下通道。

（3）无人管理的公共厕所，高楼内的电梯，无人使用的空屋。

（4）夜晚的电影院、歌厅、舞厅、游戏厅、台球厅等。

（5）人多拥挤、起步、停车、急刹车的公共交通车辆。

（6）陌生车辆。

2.怎样摆脱坏人跟踪

当一个人走在回家的路上，偶然间回头，发现有人总时隐时现地跟在后边，而当你注意他时，他却不自然地躲开；你走他也走，你停他也停，这表明

你被坏人跟踪了。面对这种情况，妈妈要告诉孩子这样做：

（1）不能惊慌失措，要镇静。

（2）迅速观察环境，看清道路情况，哪儿畅通，哪儿不通，哪儿人多，哪儿人少。

（3）快速甩开坏人的方法就是跑开。向附近的单位跑，向有行人、有人群的地方跑；如果是夜晚，哪儿灯光明亮，就往哪儿跑；如果附近有商场或超市，可以往里跑，向工作人员求助。

（4）可以正面相视，厉声喝问："你要干什么？"用自己的正气把对方吓倒、吓跑；如果对方不逃，可大声呼喊，引来行人，或者立即作出反应，自己跑开。

（5）如果被坏人动手缠住，除了高声叫喊，还要奋起反抗，击打其要害部位，或抓打面部；身上或身边有什么东西可用，就用什么东西，制止坏人接触自己身体、侵害自己。平时，要让孩子注意以下几点：

①放学回家外出活动时，尽量结伴而行，减少单独行走机会。

②不在行人稀少或照明差的地方走、游玩。如果时间晚了，要想办法通知家人去接你。

③尽可能不向外人说自己的家庭情况，以防坏人听到后，了解了你的行动规律。

④切记不可冒险，不可存有侥幸心理。不要老用"没事儿"来安慰自己。

3.关于自身财物方面的保护

一些孩子粗心大意，再加上遇到危险时胆小懦弱，很容易发生财物被盗窃甚至抢劫的事情。为此，妈妈要告诫孩子一些可能被盗窃或者抢劫钱财的情况，让孩子有意识地保护自己的钱财。

保护孩子免遭伤害最直接、最有效的是家庭防范。许多孩子受到的身心伤害，绝大多数是因为孩子丧失警惕和自护能力、家庭对孩子缺乏教育和保护。

保护孩子免受伤害是家长的责任，当孩子还小的时候，就应该让他懂得一些自我保护的知识，让其在生活中有意识地保护自己，这样，孩子才能更安全、健康地成长。

运用反面案例暗示法，让孩子认识到玩火的危害

对于家长来说，火简直是家庭中最令人担心的东西，仅仅是想象一下，都令人色变。如果可以，真想永远不让孩子知道火。然而，抛开对孩子的担忧，打开久远的记忆阀门，看看在我们自己还是孩子的时候，火留给我们的又是什么样的印象？真的那么可怕吗？孩子为什么喜欢玩火？

孩子玩火，其实是因为好奇与乐趣，尤其是5~8岁的孩子，这是最爱玩火的年龄。这个年龄段正是孩子开始注意身边事物的时期，他们对什么都感到好奇，探索欲极强。而火之所以能引起他们的好奇心，恰恰在于它的神秘和多变。

教育研究者对一些喜欢玩火的孩子进行了随机调查，发现这些孩子普遍有这样的心理：他们认为火在燃烧时色彩多变，让他们觉得很神奇，或者"擦火柴时好香啊""我喜欢爆竹的香味"……有些孩子喜欢玩火，可能仅仅是喜欢火烧着后的气味。与火相关的气味很多，有打火机打火时的汽油味、烧纸的焦味、烤红薯的香味等，都可能成为孩子玩火的诱因。另外，在火烧毁物品后，孩子会对火的威力产生好奇——那衣服、鞋子烧完后会变成什么呢？还有爸爸的手机、名片、钱包，也都能烧着吗？烧完后又会变成什么？一次偶然的经历，会引发孩子的各种探索。

以前，孩子玩火，家长也紧张，但程度远远不及今天的家长。

以前，孩子玩火的场地大多在野外，更宽广、更安全，出意外的话，顶多也就是烧掉了裤脚或者烧伤了点儿手指头。可现在孩子被圈在家里，一不小心，烧毁的就是整个家、整栋楼房，更可怕的是人员伤亡。

但是，你知道吗？担心、紧张进而禁止，反而可能让孩子更加爱玩火。

"爸妈不让玩，我偏玩"，孩子不是不知道火的危险，但是5~8岁这个年龄段，逆反心理很强，大人不让玩，他们就偏要玩。于是趁大人不在家的时候玩，或大人在家的话，就躲在大人看不到的地方玩，如衣橱里，床底下，甚至是被窝里——这些正是最危险的地方。

孩子玩火的时间大多是寒暑假，因为空闲时间多，能玩的东西都玩遍了，不知道还能玩点什么，这时候，一些平时禁止玩的东西就会冒出来。也许一开始只是想想，或者告诉自己只玩一下，但后来连自己都不知道怎么就玩开了，玩大了。

有调查显示，来自吸烟者家庭的儿童，玩火的概率比无吸烟者家庭高出一倍。大人禁止孩子玩火，可是自己兜里却经常揣着打火机，孩子就会有疑问："爸爸可以，为什么我不可以？"在这种不服气的心理作用下，孩子很容易偷偷模仿。而且，吸烟者家庭打火机或火柴随处可见，更为孩子玩火提供了方便。

那么，妈妈该如何引导和制定规矩，让孩子认识到玩火的危害呢？

1.和孩子一起谈论火

向孩子展示打火机或火柴的用途，并说明乱用、乱玩打火机或火柴的危害。告诉孩子在发现家里乱放的打火机或火柴时，不要直接动手去碰，而要马上告知父母。对于孩子的正确行为，父母可给予奖励；反之，则给予严厉教育，让孩子知道"玩火自焚"的后果。

2.让孩子真切感受到火灾的危害

妈妈可以和孩子一起观看一些防火电视节目，让孩子认识到火灾的危害。告知孩子火不仅能毁房伤人，还会烧毁森林，污染空气。家里一旦发生火灾，他的那些玩具就会全部被烧毁，以此让孩子切身体会和想象火灾的巨大危害性。

3.减少家里起火源

妈妈要教育孩子不要玩打火机或火柴等助燃物，也不要玩蜡烛、蚊香、未熄灭的烟头等易引发火灾的危险物品。此外，妈妈要以身作则，如燃气灶用后关闭阀门，充电器不留在电插座上，使用打火机、火柴或点蚊香时远离可燃物等。

4.可以"以毒攻毒"

实践证明，这个方法很有效，我们可以让孩子看到玩火的后果，这种可怕的视频让孩子看了就再也不敢玩火了。如果实在不行，让他尝试一下，烧着自己就会知道玩火危险，从此之后就不敢玩火了。

第04章 立规矩讲原则，不让孩子产生心理抵触

每个家庭都有家规，它是"家庭文化"的一部分，是在无形中形成的。家长对孩子的教养态度、教育理念对孩子今后的发展有很大影响。家规定得好，孩子也更容易成功。但是，在立规矩时，如果家长的信号不明确，其一心想教给孩子的东西很容易不起作用，因此，我们需要掌握立规矩的一些原则。让孩子心服口服地接受规矩，规矩才能真正地起作用。那么，哪些原则是我们立规矩时必须掌握的呢？让我们一起来了解下吧。

妈妈要学会用真心感化孩子，让孩子放下心理包袱

生活中，我们在与人沟通的过程中，常有这样的体验：用好的态度、温和的方式比用高傲相持的生硬方式更能提高办事效率。在与人相处时，用友善体贴的方式会比强悍冷漠的方式更易俘获他人的心。同样，在教育孩子、给孩子定规矩的过程中，如果我们也能轻声细语地与孩子说话，用真心感化孩子，那么，孩子就能感受到你的尊重，从而愿意相信你。这就是"南风法则"。关于"南风法则"，法国作家拉·封丹写过一则寓言：

北风和南风相遇，他们都认为自己可以把行人身上的大衣吹掉，并争论得不可开交，为此，他们决定比试一下。北风先使劲儿地吹，一时间，天气变冷，寒风凛冽，人们连忙裹紧身上的大衣。然后，南风徐徐吹起，人们在风和日丽的天气下顿觉暖意升起，于是开始解开扣子，继而又脱掉了大衣。

这则寓言故事告诉我们：温暖胜于严寒。运用到教育中，就是要求父母关心和尊重孩子，这样孩子才能放下心理包袱，从而接受你的意见。

然而，现实生活中，我们看到，一些家长一旦发现孩子和自己的观点不同，马上就表现出不耐烦甚至会对孩子发脾气，久而久之，孩子要么不敢发表自己的意见，变得怯弱起来；要么故意和家长对着干，造成难以收拾的局面。曾有哲人说过："要人家服，只能说服，不能压服，压服的结果总是压而不服。以力服人是不行的。"因此，要让孩子心服口服接受你的教育，妈妈不能强来，只能靠真情感化。曾经有个"不抽烟的球王"的故事：

巴西球员贝利，被人们称为"世界球王""黑珍珠"。在很小的时候，他就在足球方面表现出惊人的才华。

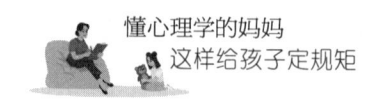

那次，贝利和他的同伴刚踢完一场足球赛，已经筋疲力尽的他找小伙伴要了一支烟，并得意地吸了起来。就这样，原先的疲劳在吞云吐雾中烟消云散了，然而，这一切都被他的母亲看在了眼里，母亲很不高兴。

晚饭后，母亲把正在看电视的贝利叫过来，然后很严肃地问："你今天抽烟了？"

"抽了。"贝利知道自己做错了事，但也不敢不承认。

但令他奇怪的是，母亲并没有发火，而是背着手开始在房间里踱步，过了一会儿，她停了下来，说："孩子，我知道，你在踢球上有点儿天分，如果你能一直踢下去，也许你在将来会有点儿出息，但可惜的是，你居然现在就开始抽烟了，抽烟是有害身体健康的，它会使你在比赛时发挥不出应有的水平。"

听到母亲这么说，贝利低下了头。

母亲语重心长地接着说："虽然作为母亲的我，有责任也有义务教育你，但真正主导你人生的是你自己，其他任何人都无法代替。我现在问你，你是想做一个有出息的运动员，驰骋于足球场，还是继续抽烟、自毁前程呢？孩子，你已经长大了，该懂得如何选择了。"

说完这番话后，母亲从口袋里掏出一沓钞票，然后递给贝利，并说道："如果你不想做球员了，那么，拿着这些钱去抽烟吧。"母亲说完便走了出去。

看着母亲的背影，贝利哭了，母亲的话一直回响在他的耳边，他猛然醒悟了，拿起桌上的钞票还给了母亲，并坚决地说："妈妈，我再也不抽烟了，我一定要当个有出息的运动员。"

从此以后，贝利再也不抽烟了，不但如此，他还把大部分时间都花在刻苦训练上，球技飞速提高，15岁参加桑托斯职业足球队，16岁进入巴西国家队，并为巴西队永久占有"女神杯"立下奇功。如今，贝利已成为拥有众多企业的富翁，但他仍然不抽烟。

这则故事中，贝利的母亲在教育孩子这一问题上所选用的方法是正确的。

我们要想让孩子接受我们定的规矩、不抵触我们的教育，就要用轻声细语去感化孩子，与孩子平等沟通。

孩子虽然是孩子，但他们也渴望被尊重、被关心，因此，我们在与孩子沟通的过程中若能巧妙运用"南风法则"，多关心孩子，那么，便能促使孩子意识到自己同成年人是平等的，有利于从小培养孩子独立的人格，能帮助孩子认真面对自己的问题或缺点。同时，也为孩子创造了乐于接受教育的良好心境。

手表效应：妈妈为孩子定规矩时，和家人意见要统一

我们不难发现的一点是，在中国传统的家庭模式中多半是严父慈母：就是指父母"一个唱红脸，一个唱白脸"，他们相互配合，在教育孩子的时候，一个正面教育，一个打配合，可谓是相得益彰。事实上，这种观点并不合理。试想，如果父母双方，一个执行自己的严格教育方法，另一个则表现得过于温和，对孩子一味地迁就，那么，我们不难想象这样的情形：孩子见到严厉的家长就会像老鼠见了猫一样，唯唯诺诺；而见到温和的家长，就马上像换了一个人似的，立即变得肆意妄为，甚至不把这位家长的话放在心上。久而久之，孩子的行为就会变得不稳定，甚至会出现性格上的缺陷，也不利于孩子树立正确的世界观、人生观和价值观。

为此，教育孩子，父母要保持一致的态度，在为孩子定规矩时也是如此。而在现实生活中，我们看到的多半是这样的情景：

周末，小雷满身泥巴地回来，衣服还撕破了，妈妈知道他肯定又是去和小伙伴打架了，就问："你是不是又打架了，不是定好规矩不能打架了吗？"

"是他们先耍赖的，说好了，谁输了球谁就请客吃冰棍。"小雷解释道。妈妈听完气不打一处来，就直接骂道："跟你说过多少遍了，不要和别人打架，你怎么总是不听呢？"说完，她伸出手准备打小雷，小雷被吓哭了。

这时，正在看报纸的爸爸从卧室走出来，赶紧说："来，雷雷，到爸爸这儿来。"小雷赶紧躲进卧室，爸爸对他说："别哭了，爸爸就觉得你没有错，不过一个男子汉要勇敢点儿，不要动不动就哭，来，笑一下。"听到爸爸这么说，小雷笑了。

其实，这样的教育情景在生活中经常出现，在孩子眼里，父母好像很喜欢红白配合，但到最后，教育孩子的效果似乎并不明显，孩子的错误并没有改正，因为他们不知道到底谁说的是对的。

因此，在为孩子定规矩的时候，父母的态度必须保持一致。具体来说，妈妈需要注意以下几个方面：

1.定规矩前先商量，保持意见一致

在教育方法上，父母的意见不一定一致，但一定要学会求同存异，在教育孩子前先沟通。如果做不到这一点，孩子就会左右为难，心中充满矛盾，其心理上也会产生压力，不知道自己到底怎样做才对。

例如，生活中，有些父母就喜欢唱反调，就像故事中小雷的父母一样，妈妈教育孩子，爸爸却出来阻拦，并说："别听你妈妈的，她不懂。"以至于孩子不知道到底听谁的好。同时，这样做还会导致夫妻因教育方法不同而吵架，甚至导致家庭矛盾加剧。因此，父母应尽可能在大问题上保持意见一致，并注意减少矛盾，给孩子一个统一的价值观。

2.征求孩子的意见

一切教育方法都应该在孩子能接受的基础上进行，因此，聪明的妈妈在教育孩子时，多半都会征求孩子的意见，如孩子犯了错，你可以让他自己选择惩罚的方式，这样也就避免了父母唱反调的情况。

3.不要当着孩子的面吵架

在实施教育的过程中，一些父母在出现矛盾时便会提高音量，然后企图以吵架的方式解决问题，殊不知，这样做只会降低父母在孩子心中的威信。

同一个人不能同时选择两种不同的价值观，否则他的行为将陷入混乱。一个人的思想不能由两个以上的人来指挥，否则将使这个人无所适从。同样，对孩子的教育，不能同时采用两种不同的方法，设置两个不同的目标，提出两个不同的要求，因为这会让孩子不知所措，甚至说话做事颠三倒四、杂乱无章。

妈妈不要以成年人的标准要求孩子

生活中,不少父母认为自己的孩子很调皮,总是惹麻烦,有时还很固执,不听话,为此,他们认为有必要为孩子立规矩,以此来约束孩子。其实,这只是孩子的调皮行为,并不是犯错。对此,家长一定要谨记,不要以成年人的标准来约束孩子。

5岁的小娟相比其他同龄的女孩来说,显得格外活泼好动。周末,妈妈带她到公园去玩。妈妈在前面走着,并轻声和女儿交谈着,可是一回头却发现小娟不见了。妈妈急忙四处寻找,发现小娟正趴在不远处的草地上,专注地玩什么东西。

妈妈悬着的一颗心落了下来,她悄悄地走到小娟背后,发现小娟正专心致志地用草棍拨弄着一只小蚂蚁,翻来覆去,仔细观察小蚂蚁的每个动作。"宝宝,你在干什么?"妈妈问。

"妈妈,我正在玩小蚂蚁。"

"玩什么蚂蚁,我不是告诉过你吗,不要在地上玩,太脏了。"说完,妈妈就拽起小娟离开了,小娟一脸愕然地望着妈妈。

很明显,小娟妈妈的做法是不对的,孩子玩蚂蚁,只是好奇心的表现,是对世界的探索,而且活泼也是一种气质,一个活泼好动的孩子通常具有敏锐的观察力、想象力和思考力,这些是成才的关键。如果家长忽略了这一点,而把它当成不听话、犯错误的行为,就大错特错了。

为此,妈妈一定要从孩子的角度思考问题,要理解孩子。有位母亲产生了这样的疑问:"当我女儿在桌上不断地用手指比画着想象在练琴时,如果我们

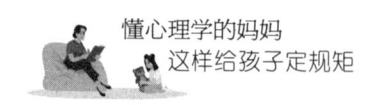

真的给她提供一架钢琴，这到底是件好事还是坏事？假如我们这样做了，孩子的想象力是不是就得不到应有的锻炼和发挥了……"

这位母亲的担心的确有一定道理，然而还是应该为孩子提供真正的钢琴。因为孩子的这一想象中的需求如果得不到满足，她的想象力一样会受到限制，就会在这一点上停留过久。如果她拥有了梦寐以求的东西，就会得到及时的训练，提高自己的能力，甚至想象自己已经成了一名伟大的音乐大师。很多音乐家就是这样成长的。永远不要担心孩子的想象力会穷尽，因为一个想象的满足，会激发和更新出更多的想象。

对于孩子活泼好动的行为，妈妈可以这样引导：

1.理解孩子的行为

在中国传统的教育理念中，父母认为孩子好静更好，甚至总是约束孩子的一些行为。其实，孩子是需要自由空间的，需要有广阔的天地来让他们成长，因此，对于孩子那些活泼好动的行为，我们不必强加干涉，只需要做到保护他的安全。要知道，孩子在奔跑、跳跃、攀爬这些活动中，更易获得健康的身体，也更易活跃大脑。

2.不要让孩子盲目听话

童话大王郑渊洁说他从来没有对自己的孩子高声说过一句话，也从来没有说过"你要听话"。"因为我觉得把孩子往听话了培养，那不是培养奴才吗？"因此，你不妨告诉孩子："爸妈并不是要你盲目地听我们所说的每一句话，什么都听话的孩子就是庸才。"这样说，会很容易让孩子感受到父母对自己的理解。

3.鼓励孩子有自己的思维方式

孩子也有自己独特的思维，作为家长，我们如果用成人的思维方式对他们进行简单粗暴的干涉，就会扼杀他们的想象力和创造力。

4.给孩子一个行为标准

这个行为标准的制定必须是在和孩子已经站在同一战线的前提下,也就是孩子认可有时候父母的话是正确的。此时,你应该告诉孩子一个原则、一个标准。在这个标准下,他知道什么东西要执行,什么东西要坚决反对,掌握好这个度就可以了。不是不管他们,而是怎样合理地管。

因此,对于孩子不听话这一问题,妈妈一定要辩证地看待,我们不需要培养那种盲目听话的"乖孩子",因为"乖孩子"真正成为社会精英、业界尖子的不多,他们大多在一般劳动岗位上工作。当然,这并不是说"不听话"的孩子就一定聪明。孩子的"听话"应更多地体现在生活规矩、行为道德上,对孩子天性叛逆,有自己的想法,父母应作出正确的引导,使其用在学习和对待事情上。

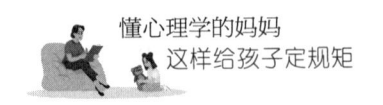

立规矩要讲"理",让孩子心服口服

生活中,可能不少家长都遇到过这样一个令人头疼的问题:孩子太固执了,想给孩子定个规矩太难了。也有家长称,无论说什么,孩子都很抵触。其实,如果我们能找到孩子喜欢的沟通方式,让孩子在一开始就认同你,那么,他自然会接受你。我们先来看看下面的教育故事:

周末,妈妈带着莉莉一起逛商场,莉莉看上了一件粉色的裙子,非要买。妈妈说该回家做饭了,莉莉就赖着不走。这时候,妈妈蹲下来,对莉莉说:"我的乖女儿,妈妈知道你很喜欢这件裙子,但你发现没,你已经有十几件这样的裙子了。你看,妈妈每天都要辛苦地工作,才能挣钱给你买这些裙子。莉莉是不是应该体谅一下妈妈呀?"妈妈说完后,莉莉还是噘着嘴。妈妈一看莉莉这样的表现,就继续说:"要不,等下周妈妈发了工资就给你买,好不好?"听到妈妈这样说,莉莉高兴地答应了。

第二周的一天,妈妈下班后对莉莉说:"妈妈今天带你去商场买那件裙子,好不好?"但莉莉却对妈妈说:"妈妈,我以后要做你的乖女儿,再也不乱买衣服了。"听到莉莉这样说,妈妈欣慰地笑了。

上面这个故事中,莉莉妈妈的教育方法值得很多父母借鉴。教育孩子,需要考虑到他们的心理特点,他们更喜欢父母与他们讲道理,而不是用简单粗暴的方式进行压制。因此,若孩子和你意见不合,就是不愿意听你的话,你有必要采取正确的方式说服他。这样,能减少亲子间的冲突,并通过把决定权交给对方的方式,让孩子觉得受到尊重,因而愿意作出配合的决定。

用讲道理的方法来立规矩,妈妈可以用以下几个方法:

1.在平时的教育里就明确地告诉他能做什么，不能做什么

例如，当你带孩子到亲戚家做客的时候，你要告诉他，不能随便拿人家的东西，并告诉他，这是不好的行为。这样，在日后的拜访中，他便不会提出这样或那样的无理要求了。

2.让孩子自己做选择

例如，你想让孩子按时上床睡觉，但他就是想看电视，此时，你可以这样对他说："宝贝，'喜羊羊'很好看，对吧。那你以后是饭前看呢，还是饭后看呢？"这样，用选择题代替是非题，孩子不论作出哪个选择，都能与父母达成共识。

再如，妈妈想叫孩子关上电视去做功课，这时与其大吼"快把电视关了，去做功课"，不如说"乖，你是要先吃饭还是要先做功课？"这么一来，不论孩子作何种选择，妈妈都可达到让他关上电视机的目的。

3.晓之以理，动之以情

我们来看看林先生是怎么教育他的孩子的：

林先生是一名物理教师，他在教育孩子这方面很有自己的心得。他曾这样陈述自己的一次教子经历：

我的儿子上小学时，一次因为体育活动课玩疯了，回家时候忘了带语文书，他偷偷和妈妈说，不要告诉爸爸。吃晚饭的时候，妈妈忍不住告诉我了，我就叫他不要吃饭了，把书找回来再吃饭，他哭着叫他妈妈和他一块儿去找书，后来在学校保安那里拿到了书；回来后他的表情舒展了。我和他说，一个学生丢了书，就像战士丢了枪一样。他马上就回我，"战士丢了枪，敌人来了可以躲起来啊！"我严厉地说："是的，战士丢了枪可以躲起来，那么老百姓谁来保护啊？"他顿时无话可说了，我又说，"一个人不能忘记自己的责任啊！"

前几天孩子他妈妈去青岛开会，就我和儿子两个人在家里，我发现他每天

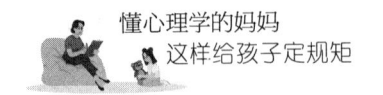

都要检查煤气、检查家门。一天我因为去学校早了点儿,忘记拿牛奶了,回去以后发现孩子已经拿回家了,而且放到了冰箱里。那一刻,我觉得儿子长大了。

林先生对孩子进行的责任教育,并不是陈述大道理,而是从生活中孩子丢了书本这一事件入手,让孩子明白书本对于学生的重要性,从而让孩子从这一小事件中明白做人必须有责任,后来孩子检查煤气和家门、拿牛奶等事,证明林先生的教育起作用了。

每个人都有自己喜欢的沟通方式,我们的孩子也是。妈妈要想成功地给孩子立规矩,就要从他喜欢的方式入手,并掌握一定的说服技巧,而不是硬性地把自己的观点传达给孩子,这样才能让孩子乐于接受你的观点。

妈妈为孩子制定规矩，态度一定要明确

对于家长而言，是否需要给孩子立规矩已经成为一个无须争论的问题，更多家长关心的是该如何给孩子立规矩。很多家长会问，我们应该"棍棒教育"还是"民主教育"呢？其实，真正的理想教育应该是一种混合模式，即父母给孩子提供适度的自由，但在关键时期、关键问题上，要毫不犹豫地发表自己的观点，明确哪些能做、哪些不能做，划定好价值和行为的边界。为此，我们给孩子定的规矩一定要明确，不可模棱两可。

"我的女儿圆圆今年刚满四岁，聪明可爱，因为我们工作很忙，无暇照顾她，所以长期以来，都是爷爷奶奶带的，但我们每天都会抽时间过去和她玩。因为她小时候体弱多病，所以爷爷奶奶对她照顾得很周到，总是担心她生病。圆圆两岁就上了幼儿园，学习接受能力都不错，就是比较任性，有点儿我行我素。

"例如，上公开课，老师点她发言，其实她会，但就是不配合，还跟我们说，不想让这么多不认识的人听她发言，听老师说平时点她发言蛮配合的，学习效果也可以。每个新学期开学，圆圆总是要哭个几次，不过我们走后，她上课、做游戏都很积极，她也很喜欢上幼儿园。

"其实，这些我们都能接受，毕竟只要她逐步适应，是能改正过来的，不过一些安全行为是必须定规矩的，如过马路不能闯红灯，就这个问题，我专门给圆圆上过一课。那个假期，我去老家接她，过马路的时候，她着急走，差点儿被一辆摩托车撞上。当时是红灯，我吓出了一身冷汗，不过我没有呵斥孩子，而是告诉她，如果总是不遵守交通规则，是对自己和他人安全的不负责，甚至有可能失

去生命。圆圆好像听懂我的话了，从那之后每次都乖乖地等绿灯亮了再走。"

很明显，故事中的家长在为孩子制定安全规矩上的方法值得借鉴，孩子任性、不遵守交通规则，一味地训斥未必起作用，而明确告诉孩子闯红灯的后果，孩子才会意识到规矩的重要性，自然会自觉遵守，可见明确规矩的重要性。

然而生活中，有不少家长，把孩子当成家中的"小公主""小皇帝"，原本制定了规矩，但规矩模棱两可，孩子也没有认识到规矩必须遵守。为此，在具体实施时，一让孩子守规矩，孩子就哭闹，此时家长就心软了、投降了，百依百顺。等到孩子已经掌握了任性这个可以要挟大人的法宝，知道任性可以摆布大人达到自己的目的，就会无休止地恶性发展下去，当父母想要约束孩子时，发现已经管不住了。为此，我们必须为孩子立规矩，必须明确让孩子认识到守规矩的重要性。

具体来说，妈妈在为孩子定规矩时要做到：

1.明确告诉孩子违反规矩的后果

立规矩时，需要明确地告诉孩子这样做的后果，最好这个后果跟孩子的切身利益有关。

2.说理引导，让孩子了解清楚规矩

孩子有些要求是无理的或不能满足的，妈妈应利用童话、故事等方式，给孩子讲清道理，这可以让孩子逐步理解家长的话，进而接纳规矩。

3.自我强化，让孩子体会到违反规矩的后果

例如，孩子拿不吃饭要挟大人，那么妈妈就赶快收拾饭桌，让他好好饿一顿，这饿肚子的感觉就是最好的"惩罚"。又如，没到穿裙子的季节，孩子犯拧非穿不可，如果其他办法不管用了，那么就让孩子去穿，受凉挨冻就是最好的教育。采用这一方法，一是要确保后果对孩子身心没太大的伤害，二是家长要狠狠心。

总之，孩子的懂事并不是天生的，需要家长长期引导。让孩子遵守规矩，首先就要明确规矩，其次对于孩子的坏习惯，不能太过于迁就，不能让孩子得寸进尺。

第05章 用心观察，提升孩子的情绪管理能力

家长都希望孩子是快乐的，希望孩子有个快乐的童年，但孩子在成长过程中，会有各种各样的烦恼，并不完全是无忧无虑的。教育心理学专家认为，童年是孩子情绪形成与发展的关键时期，家长有必要引导孩子认识和表达自己的情绪，并为孩子制定情绪规矩，帮助孩子管理情绪，成为情绪的主人。

制定规矩，引导孩子从心理建设的角度控制脾气

生活中经常会发生一些不愉快的事情，这些事情会影响人们的情绪，尤其是遭受挫折时，人们会沮丧、抑郁，孩子也不例外，如孩子考试没有考好，没有评上三好学生或者被同学欺负了等，这时孩子就会出现明显的挫折感。他们不高兴，就会找发泄的方法，发脾气就是其中最常见的一种，甚至有些性格懦弱的孩子还会哭闹。一碰到孩子哭闹，父母就觉得是不是自己没有做好，内心愧疚；有些家长听不得孩子哭，孩子一哭就会想办法制止；还有一些家长，孩子哭闹或是发脾气的时候，自己也按捺不住心中的怒火，或是训斥或是打骂孩子。这些都是错误的解决办法，只能强化孩子的消极心理。

溺爱孩子，就是认同孩子发脾气是正确的，而家长的认同是孩子的"通行令"，只能助长孩子的脾气。此外，父母对孩子比较粗暴，动不动就训斥孩子，孩子对各种事情没有任何解释和发言权，又会使孩子减少或缺乏学习用语言正确表达情感的机会，最终也就有可能让孩子养成粗暴待人等不良习惯，这会对孩子性格的形成产生消极影响，不利于孩子以后的生活和事业。

那么，我们应该怎样引导孩子学会控制自己脾气呢？正确的方法是与孩子协商并制定规矩，具体来说，妈妈可以这样做：

1.妈妈首先要管理好自己的情绪，给孩子做个榜样

如果妈妈自己都不能很好地管理自己的情绪，如孩子哭闹时，自己先忍不住，要么逃避，要么以不耐烦甚至粗暴的态度面对孩子，孩子是不可能学会正确管理情绪的。这就需要妈妈明白两个道理：

（1）要想正确面对孩子的哭闹，需要了解孩子为什么会这样做。家长需

要认识到，哭闹和发脾气，是孩子心情不好的时候的一种本能表现，是孩子发泄心中负面情绪的一种方式。一方面，他们还小，不能很好地控制自己的情绪；另一方面，孩子需要学习其他更能够被别人接受的方式，让自己心情平静。

（2）小孩子的哭闹和发脾气并不是坏事。小孩子的哭闹和发脾气，其实是好事，因为让负面情绪发泄出来，孩子的心理才健康。家长要做的不是压抑孩子而是帮助孩子逐渐学会如何通过其他方式来发泄。由于孩子对自己情绪的控制能力比较差，他们时不时地发小脾气是很正常的事情。

帮助孩子控制自己的脾气需要一个过程，因为孩子的自控能力不是一下子就能养成的。可能在很长的时间里，家长都需要耐心地面对孩子的哭闹，并逐渐引导孩子学会其他的发泄方式。中国有句老话："孩子见了娘，没事哭三场。"确实，孩子在妈妈面前，要比在别人面前更爱哭闹。这是非常正常的现象，妈妈们千万不要担心，别以为这样会把孩子惯坏。

2.根据孩子的特点和孩子沟通能有效地帮助孩子控制自己的脾气

沟通没有通用的模式，与一个孩子沟通的方式并不总是适合于另一个孩子。因此，妈妈必须根据自己孩子的特点，创造自己的沟通方式。

3.帮助孩子找到合适的发泄情绪的方式

妈妈要帮助孩子学会用语言表达内心的感受。例如，孩子因为妈妈不同意带他去吃麦当劳而哭闹的时候，妈妈可以说："你现在一定很想去吃麦当劳，可是我们约定一周才能去一次，今天去不了，真遗憾，我也替你感到很伤心。"这样帮孩子说出来，孩子就会感觉好受一些。逐渐地，他也能够学会用语言代替哭泣来表达情绪。还有一点需要强调的是，妈妈要允许孩子哭闹，但是，不能因为孩子的哭闹而纵容孩子。

有的妈妈特别怕孩子哭，孩子一哭，就会纵容孩子的某些错误做法，或者给孩子许诺、满足孩子的无理要求。例如，孩子一哭就答应给孩子买糖、买玩具什么的，这样做不仅不能解决问题，还会让孩子发现，哭闹能换来很多好处，以后他会更多地采用这一"秘密武器"。

总之，让孩子学会控制情绪，首先应尽量做到使孩子在合理范围内有充分表达情绪的权利，因为孩子能够充分地、合理地表达自己的情绪，正是孩子心理发育基本健康的标志。但孩子毕竟还小，他的情绪表达方式难免会有偏颇，有时会出现对自己和他人都不利的情绪过激现象，如孩子因发脾气与别的孩子争吵打架，可能伤着自己和对方，冲着长辈和老师发脾气则是不礼貌行为，或者脾气上来碰头捶胸、摔砸物品等都是不合情理的。遇到这些情况时，父母不应视而不见，而要采取一致意见，严厉制止，让孩子知道发泄情绪也应有一定的界限，自己发泄情绪不应损害别人的利益、自己的身体或物品，父母要努力成为孩子愿意倾吐秘密的对象，成为对孩子事情感兴趣的人。只有这样，孩子才乐意向父母敞开心扉、吐露心声。慢慢地，孩子就学会控制自己的脾气了。

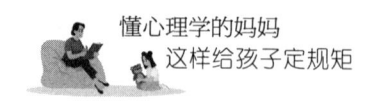

帮助孩子掌握几个排解坏情绪的心理学方法

每个人都有坏情绪，孩子也是，作为父母，我们需要帮助孩子找到合适的宣泄坏情绪的方法。对此，儿童心理学专家建议，我们可以与孩子制定规矩，让孩子从以下几个方面宣泄怒气：

1.能量排泄法

对不良情绪所产生的能量可用各种办法加以调整。例如，你可以告诉孩子，当生气和愤怒时，可以到空旷的地方去大喊几声，或者去参加一些重体力劳动，也可以进行比较剧烈的体育活动，如跑两圈，扔几个铅球，把心里的负面能量变为身体上的能量释放出去，这样气也就顺些了。

俄国大文豪屠格涅夫曾告诫人们：当你暴怒的时候，在开口前把舌头在嘴里转上10圈，怒气也就减了一半。

2.语言暗示法

达尔文说过："人要是发脾气就等于在人类进步的阶梯上倒退了一步。愤怒是以愚蠢开始，以后悔告终。"

语言是人类特有的高级心理活动，语言暗示对人的心理乃至行为都有着奇妙的作用。当不良情绪要爆发或感到心中十分压抑的时候，可以通过语言的暗示作用，来调整和放松心理上的紧张，使不良情绪得到缓解。

当然，这对于孩子来说有一定的年龄限制。太小的孩子可能无法理解语言暗示的具体含义与操作方法，而对于有一定知识基础的孩子，你可以告诉他："当你将要发怒的时候，可以用语言来暗示自己：'别做蠢事，发怒是无能的表现。发怒既伤自己，又伤别人，还于事无补。'"这样的自我提醒，就会使心情平静一些。

3.环境调节法

大自然的景色能使人开阔心胸，愉悦身心，陶冶情操。因此，你可以带领孩子到大自然中去走一走，去看看美丽的湖光山色，听听悦耳的鸟叫虫鸣，呼吸一下新鲜的空气，这对于调节人的心理活动有很好的效果。你可以让孩子知道，心绪不好或感到心理压力、郁闷不乐时，千万不要一个人在屋子里生闷气，苦恼自己，而应该走出去，到环境优美、空气宜人的花园、郊外，甚至是农村的田园小路上去走一走，舒缓一下心绪，去除一些烦恼。而且长期处于紧张状态的人，定期到大自然中去放松一下，对于保持身体健康、调解身心紧张大有益处。

4.家长疏导法

无论是谁，在情绪受到压抑时，都应把心中的苦恼倾诉出来，如果长时间强行压抑不良情绪的外露，会给人的身心健康带来伤害。特别是性格内向的孩子，光靠自我控制、自我调节还远远不够，你可以引导孩子倾诉自己的苦恼，并给孩子以指点。

你可以告诉孩子，有些事情其实并不像他想的那么严重，然而一旦钻进牛角尖，就越急越生气，如果请旁观者指导一下，可能就会豁然开朗。家长的理解、关怀、同情和鼓励，是孩子心理上的极大安慰，尤其是遇到人生的不幸或严重的疾病时，更需要家长的开导和安慰。

5.自我激励法

自我激励是人们精神活动的动力之一，也是保持心理健康的一种方法。

你可以告诉孩子，在遇到不顺心的事而想发脾气之前，要善于用坚定的信念、伟人的言行、生活中的榜样、生活的哲理来安慰自己，使自己产生同痛苦作斗争的勇气和力量。

6.创造欢乐法

心绪不佳、烦恼苦闷的人，看周围的一切都是暗淡的，看到高兴的事，也

笑不起来。这时候如果想办法让他高兴起来，笑起来，一切烦恼就会丢到九霄云外了。笑不仅能去掉烦恼，而且可以调节精神，促进身体健康。

相信以上办法能帮助孩子及时排解内心的坏情绪，能以健康、积极的心态和饱满的情绪重新面对学习和生活！

细心观察，留意孩子的情绪变化

我们知道，任何人都是有情绪的，包括喜、怒、哀、乐、恐惧、沮丧等，因为人是情绪的动物，人的情绪也是与生俱来的，孩子逐渐长大，也开始有了复杂多变的情绪。对此，我们要学会留意孩子情绪的变化并及时予以疏导，不然，他们的情绪就会像一匹脱缰的野马四处乱撞。可能刚刚那个活泼开朗的孩子一下子就变得闷闷不乐、喜怒无常、神神秘秘了。

在亲子关系和谐的家庭中，父母一定是懂得随时关注孩子的情绪的，当孩子出现烦恼时，他们总是能成为孩子的知心朋友，为孩排忧解难。

那么，当对孩子的情绪予以理解以后，又该怎样帮助孩子顺利梳理好情绪呢？

你是否发现，当孩子呱呱坠地时，我们会特别留意他，会留意他的声调、面部表情、动作、姿势等，会用自己的行动表达对孩子的爱，可当孩子逐渐长大，我们反倒把这种表达爱的方式搁浅了。这种细微的变化，很多父母都没有注意到，而渐渐地，孩子离我们越来越远。进入儿童期后，孩子的各种情绪日益明显，很多家长抱怨孩子不好管，事实上，没有教不好的孩子，只有不会教的父母和不好的教育方法。只要方法妥当，任何孩子都是优秀的；只要用心，总能找到合适的教育方法，而孩子更需要的是家长的爱和关心。

因此，妈妈要体贴和帮助孩子，要对孩子身心发展的状况予以留意，对他们某些特有的行为举止要予以理解并认真对待。认识到孩子在儿童时期的情绪管理至关重要，继而理解孩子，才能和孩子做朋友。

具体来说，妈妈可以这样做：

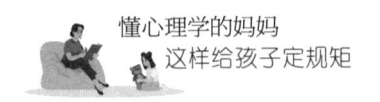

1.理解、信任孩子，查找孩子产生消极情绪的原因

妈妈都是爱孩子的，可是教育的结果却完全不同，为什么有的妈妈能跟孩子和谐相处、情同知己，有的却水火不容、形同陌路？这就是因为教育方法的不同。妈妈首先要了解你的孩子，关注孩子的成长过程，你要了解孩子烦恼产生的来源，只有这样，才能对症下药，帮助孩子解决烦恼。

2.适当"讨好"一下孩子，缩短彼此间的心理距离

当然，这里的"讨好"并不具备任何功利性目的，而是为了加强亲子关系。妈妈应该偶尔赞扬一下孩子，或者带孩子出去散散心等，让孩子感受到家庭的温暖。彼此间的心理距离拉近了，孩子自然愿意向你倾诉了。

3.不要总是压制孩子表达自己的想法

家长都希望孩子把自己当作朋友，对自己倾吐成长中的烦恼与快乐，然而孩子不愿，也很难与家长沟通。这是由什么造成的呢？其实，孩子也想对父母说实话，只是很多父母总是端着家长的架子，甚至压制孩子的想法，孩子又怎么愿意与你沟通呢？因此，聪明的妈妈要站在孩子的角度，引导孩子发表自己的意见，让孩子畅所欲言。

4.重视孩子，平等交流

妈妈要学会跟孩子聊天，不要认为孩子的世界很幼稚，对孩子的话题不感兴趣。不论孩子说什么，你最好表现出很感兴趣的样子，要重视孩子的话题，与孩子平等交流，这样孩子才有跟你交谈的欲望。

妈妈在日常生活中，如果发现你的孩子满脸愁容，那么你就要考虑下自己的孩子是否在为某件事烦心，此时，你要从理解孩子、尊重孩子的角度，做孩子的朋友，或许他会对你敞开心扉！

让"胆小鬼"变得更勇敢一些

在孩子还很小的时候,他们很娇弱,需要我们的保护,但我们的孩子绝对不能是个弱者,要知道,一个弱者是难以在社会上立足的。我们教育孩子,就要让孩子凡事有足够的勇气。因此,妈妈应该在孩子还小的时候,就为之制定规矩,培养孩子的勇气。

事实上,在现实生活中,大部分父母在教育孩子时,往往更关注其学习成绩,而忽视了其勇气的培养,这使得孩子普遍缺少勇敢精神。这些"胆小鬼"凡事"怕"字当头:怕黑夜,怕生人,怕风,怕雨,怕闪电惊雷,怕动物,怕父母不陪在身边……但是父母并不认为这有什么不妥,反而觉得小孩子就应该如此,但是这样的认识未免显得片面,因为他们没有看到一个懦弱的孩子很难建立起自信,也很难做成属于自己的事情。

孩子胆小的源头在家庭、在父母、在他们不恰当的教育。造成孩子胆小的原因主要有以下几个方面。

1.经常受到恐吓

孩子在小的时候,难免哭闹,有些家长见孩子要哭要闹,或者淘气、调皮、不听话,就采用恐吓的方法来让孩子停止哭闹,如用大灰狼、老虎来恐吓,甚至关掉电灯,或者让孩子独自待在某个房间。这些方法无异于饮鸩止渴,表面上看似制住了哭闹的孩子,但实际上在他们幼小的心灵中会形成抹不掉的阴影,会给孩子带来长时间的心理创伤。时间久了,就是一个特别胆大的孩子也会变得畏畏缩缩,一个对生活带有恐惧心理的孩子,是很难有勇气面对"侵略"的。在被欺负的时候,恐惧心理会卷土重来,像一个巨大的阴影吞噬

孩子幼小的心灵。甚至在孩子长大以后，这种阴影仍然挥之不去——即使他们知道，狼外婆只是儿时的童话。

2.动辄训斥

俗话说："严师出高徒。"很多父母认为孩子是管教出来的，于是便陷入一些误区：他们对孩子管教得很严厉，对孩子的要求过于苛刻，孩子稍有差错或稍有不顺眼的地方，就大声训斥，严厉批评。可父母忽视的是，孩子生性娇弱、自尊而敏感，动辄大声训斥，不是让孩子彻底丧失自尊心，就是让他与自信心无缘，这样的做法无异于扼杀孩子的未来。

3.过分娇惯

与过分严苛相同，过分娇惯也会让孩子产生懦弱的心理。这也不是对孩子好，因为娇惯让孩子没有了接触挫折和失败的机会，也就剥夺了孩子锻炼的机会。

很多父母，潜意识里把孩子当成弱者来看待，这会使孩子产生自卑感，会让一个原本自信的孩子失去坚定、果敢、骄傲等品质，对于孩子的成长极为不利。鉴于此，家长应该改变教育方式，为孩子制定规矩，教孩子勇敢起来。具体来说，妈妈可以这样做：

（1）给孩子树立榜样。妈妈必须勇敢、坚强，做孩子的榜样。同时，还要积极鼓励孩子与人竞争，积极参与各种活动，在参与中锻炼和壮大胆量。勇敢心态的培养要从小开始，从点滴的小事做起，对孩子多鼓励、多赞赏，帮助孩子排解心理障碍，克服自卑心理，才能造就新时代新人，让他们快乐而幸福地生活在自信自立的天空下。

（2）不要溺爱孩子。过分保护会给孩子消极的暗示。在家长的溺爱下，孩子一方面会变得娇纵、不可一世；另一方面，孩子的身体动觉能力也没有得到开发，会对世界产生畏惧心理。这样的孩子在面对"侵略"的时候不知所措，也就不足为奇了。因此，妈妈不要溺爱和过分娇惯孩子，而要让孩子学着独自面对和解决问题，只有这样，孩子才会勇而无畏。

（3）鼓励孩子对外交往。孩子天生是出色的外交家，他们的世界是以关系为主的，他们需要在交往中锻炼自己的能力。如果孩子的生活中缺少了这一环节，他们就不知道该如何与别人交往，当碰到不公平的事情时，就更不知道怎么处理了。

（4）鼓励孩子勇于争取。父母不可能永远是孩子的保护伞，只有让孩子真正地勇敢起来，拥有积极的心态，做一个生活的强者，才能让孩子独自去面对原本就不是一帆风顺的生活，才不会在挫折面前奢望别人的帮助，才会化不利为有利，才不会在外人面前轻易流泪，也不会在困难面前手足无措、六神无主，最终才能成为一个无所畏惧的强者！

妈妈要帮助孩子改掉任性的毛病

所谓任性，是指一个人不顾客观环境和条件，自己想说什么就说什么，想做什么就做什么，不听从别人的劝告和阻拦，由着性子来。孩子的任性是一种不良性格特征的苗头，对孩子的成长很不利。我们发现，现代社会，很多父母误解了教育的真正含义，认为爱孩子，就是要满足孩子的一切要求，正是这种有求必应，让孩子养成了任性的毛病。

其实，教育孩子的重要目标，就是教育出一个能为他人考虑的孩子。这种孩子无论在家庭、学校还是未来走上社会，都会成为别人青睐的对象。

孩子为什么任性呢？是家长的教育使然。即是说，孩子任性多半是惯的。有多少父母和祖辈，都是毫无节制地宠爱和迁就家中的"独苗苗"。对于孩子的要求，无论是否合理，都给予满足。孩子要星星，就绝不给月亮，对孩子百依百顺。长此以往，孩子就形成了以自我为中心的观念，变得任性起来。因此，改掉孩子任性的毛病，让孩子懂事，必须从小开始。

一个懂事的孩子不会任性，那么，妈妈应该怎样做才能教育出一个懂事的孩子呢？这是一个长期的教育过程，但前提是要制定规则，具体来说，我们要这样做：

1.防患于未然

孩子的任性表现，一般也有规律。妈妈可以观察孩子在什么情况下容易犯拧，当这种情况临近时，你可以事先向孩子提出要求，约法三章。如果孩子和祖辈在一起容易任性，那么你带他到姥姥家去之前，就该给他打打"预防针"。

2.说理引导

对于孩子的任性行为，妈妈不能强硬地制止，可以先进行冷处理，让孩子冷静下来，然后通过讲故事的方式，让孩子明白其中的道理。这可以避免孩子任性，但一定要及时正确地引导。

3.激将夸奖

小孩子好胜，更喜欢"听好话""戴高帽"。在孩子出现任性行为的初期，你或者顺向地夸奖他的某一长处，为孩子"转变"找台阶，或者反向地激将，说孩子"不会怎样，不能怎样"，孩子可能就来了"我能……"的劲儿。这样，往往会使他摆脱任性的情绪状态。

4.注意力转移

我们经常看到这样的情形：孩子非常任性地要做不该做的事，大人非要阻拦不可，但孩子说也不听打也不行，一个要干，另一个要拦，相持不下，局面尴尬。若恰在这时推门进来一个陌生人或发生一件新奇的事，孩子立刻被吸引过去，就不再任性了。这是因为他的注意力转移了。孩子的注意力是很容易转移的。你可以在孩子出现任性行为时，利用当时的情境特点，设法把你孩子的注意力转移到能吸引他的一些新颖的事物上去。这一方法在任性初期效果更好。

5.不予理睬

当孩子任性地耍脾气时，在料定没什么"安全问题"的情况下，妈妈就可以不去理睬他，听任他闹一阵子，等他不闹了再去说理。这种方法需要你一不要太性急，二不要心太软。

总之，孩子的懂事不是天生的，需要家长的长期引导。俗话说："惯子如杀子。"要改掉孩子任性的毛病，妈妈就不能太娇惯孩子，对于孩子的任性也不能太过放纵，不能让孩子得寸进尺。让孩子懂事，形成一种自制力，才是教育孩子的重要目标之一！

第 06 章

定生活规矩，巧用心理学让孩子学会快乐生活

我们都希望自己的孩子能养成良好的生活习惯，而孩子良好的生活习惯包括良好的卫生习惯、饮食习惯、睡眠起居习惯、与个人生活有关的行为习惯等。培养孩子良好的生活习惯，要从实际出发，对孩子提出合理的要求。良好的生活习惯是在长期生活中逐步形成的，因此，父母不能操之过急，要讲究科学性。本章我们将讨论这一问题。

爱运动的孩子更积极阳光

我们都知道，生命在于运动，美国运动医学院的研究表明，正确的运动可以帮你持久保持健康活力和苗条体态的程度高达70%。现实生活中，不少家长认为孩子只要认真学习就可以了，而忽视了对孩子身体素质的历练，这导致了不少孩子抵抗力差、免疫力不足等。而实际上，体育锻炼对于改善神经系统的调节机能，对于孩子学习能力和效率的提高，都起着积极作用。例如，孩子学习累了，到户外活动一会儿再回来学习，学习效率肯定会提高。这也是我们安排课间10分钟的原因。

体育锻炼对身体的良好作用，也是通过对神经系统的影响而实现的。经常进行体育锻炼的人，大脑皮质神经细胞的兴奋性、灵活性和耐久力都会得到提高，灵活性提高了，反应也就更快了。从人体活动上看，表现出机灵、敏捷，它自然反映着大脑本体的敏锐、灵活，使学习和工作都处于最佳状态，并能坚持较长时间。经常进行体育锻炼的人，在自然环境中接受寒冷和炎热的刺激，从而能提高对环境变化的适应能力和对疾病的抵抗能力。

因此，只要有条件，妈妈要引导孩子积极进行体育运动，并形成规矩，当孩子养成运动的习惯后，不但能消除疲劳，还能减少或避免各种疾病。

那么，妈妈该如何引导孩子养成运动的习惯呢？

1.多和孩子一起运动

孩子通过运动增强身体素质和开发智力能力，不仅需要父母有运动的意识，还需要父母切切实实做到言传身教，因为身教更能使孩子积极地参与。因此和孩子一起运动，引导孩子主动参与运动，是妈妈培养孩子拥有运动习惯的

必要内容。

2.不断学习，了解各种运动的好处

在平时的生活中，可以给孩子多介绍一些运动的好处，培养孩子运动的兴趣。

体育运动项目丰富多彩，各种活动对孩子的影响也不尽相同，因此，妈妈首先要了解各种运动的意义和好处，再针对不同情况加以引导。例如，可以告诉孩子足球这项运动讲究的是团体合作，如果孩子缺乏这种意识，可以引导孩子尽量朝这方面发展，这样不仅锻炼了身体，也完善了孩子的性情。通过细致地了解各种运动的益处，有选择、有目的地引导孩子朝这方面发展，会收到意想不到的效果。

3.帮助孩子选择合适的运动方式

运动分有氧运动和无氧运动两种。无氧运动一般都是短时间、高强度的，对人的意义不大，弄不好还容易伤到自己。所以妈妈最好还是帮助孩子选择有氧运动，这不仅能锻炼身体，而且能调节情绪，有效地应对情绪"中暑"。

常见的有氧运动项目有：步行、快走、慢跑、滑冰、游泳、骑自行车、打太极拳、跳健身舞、跳绳、做韵律操等。有氧运动的特点是强度低、有节奏、不中断和持续时间长。同举重、赛跑、跳高、跳远、投掷等具有爆发性的无氧运动相比，有氧运动是一种恒常运动，是持续5分钟以上还有余力的运动。当然，无论做什么运动都要做到坚持，而不能三分钟热度。长时间坚持下来，你会发现，自己不仅拥有了一个健康的体魄，还释放了心理压力，重新获得了学习的能量。

4.充分利用社区的体育器械

一般来说，每个小区都配备了一套基本的锻炼身体的体育器材，妈妈每天上班前或下班后来这里锻炼锻炼，孩子可能因为跟风意识，不由自主地就和你一起来锻炼了。不仅如此，一般小区的孩子都愿意在这里玩耍，这样既锻炼了身体，又沟通了孩子之间的感情，何乐而不为呢？

5.周末多安排运动来休闲

双休日时，父母不要把大把的时间放在睡懒觉、逛街、看电视上，应该有计划地和孩子进行爬山、郊游等活动，让孩子选择喜欢的地点一起去游玩，这样不仅可以调动孩子游玩的积极性，还锻炼了身体。在亲近大自然的过程中，孩子的性情会得到很好的陶冶、熏陶。爬山需要付出体力，既增强体质，又磨炼意志，这对孩子良好素质的浸染作用是不可低估的。

6.送孩子去喜欢的体育项目培训班

孩子们通过电视、网络等媒介，可能对某些体育项目非常感兴趣，如男孩子受武打片的影响可能喜欢武术、跆拳道，受体育比赛的影响，喜欢游泳、射击等活动；女孩可能喜欢婀娜多姿的芭蕾舞、优雅的瑜伽等。这时，父母应该积极鼓励孩子发展这些爱好，给孩子报培训班学习，让孩子在兴趣中达到强身增智的效果。

当然，我们提倡孩子养成运动的习惯，但运动不能超过身体极限，在孩子进行剧烈运动之前，要了解孩子的体能，以方便孩子在做运动的时候能把握一定的度，以免发生危险。

鼓励孩子做点儿家务，对孩子的身心发展大有裨益

周末的一天，蕾蕾在家做作业，妈妈准备进行一次大扫除，她喊蕾蕾把自己的被罩折下来，没想到蕾蕾却说："妈妈，你自己拆吧，我正忙着呢！"

听到女儿这么说，妈妈不怎么高兴，她心想，这孩子都这么大了，还什么事情都不做，这样下去，以后住校了可怎么办？于是她说："蕾蕾，你都10岁了，是个大女孩了，该做些家务来锻炼自己了。"

"妈妈，你今天可真是奇怪，平时我主动要求做家务，你都不让。我说买菜，你说怕人家坑了我；我说刷碗，你怕我把碗打碎了；我说洗衣服，你又怕我洗不干净。"

"以前是妈妈不对，现在妈妈觉得错了，要是再不培养你的自立能力，妈妈怕你适应不了以后的生活啊。"

"嗯，妈妈说得对，那从今天开始，我就当妈妈的小帮手吧。"

"蕾蕾真乖，呵呵。"

和蕾蕾一样对家务丝毫不插手的孩子在现代家庭中为数不少，这不仅与孩子自己的惰性有关，更重要的是父母不恰当的教育方式：一是父母喜欢大包大揽，不懂得让孩子从小养成爱劳动的习惯的好处；二是有的父母一开始也想让孩子干一些力所能及的家务活，但孩子几次做不好，就不让他们做了；三是在"万般皆下品，唯有读书高"这种传统观念的影响下，不少父母忽视了对孩子的劳动教育。父母大多数是不让孩子做家务事的，甚至孩子自己该做的事，如收拾书包、叠被子等家长都要代劳，90%以上的家长要求孩子只管弄好自己的学习。如此种种想法其实都是不合理的，这样做是剥夺了孩子成长的机会，把孩子管成了事事依赖父母的"精神残疾"。

事实上，干家务活对孩子的全面发展有着重要作用。适当地让孩子干点儿家务活不仅影响不了学习，而且有助于培养他的意志和品质，让孩子养成爱劳动的好习惯。当孩子具备了一定的干家务的能力后，我们就要让孩子做家务，并订立规矩，这样不仅仅是为了减轻父母的负担，还可以促进孩子的全面发展。通过承担一定的家务责任，孩子能够形成自我意识，建立起自信心，更有助于孩子形成独立的人格，学到很多日常生活中的科学知识等，这些都会为孩子以后的成长打下基础。

生活即教育，哈佛大学曾经对456名孩子跟踪研究20年，这些孩子被分为两类：爱做家务的和不爱做家务的。20年后，他们的失业比例是1∶15，犯罪比例是1∶10，收入也是爱做家务的比不爱做的高20%。而且，爱做家务的孩子长大后离婚率低，心理比较健康。由此可见，参加家务劳动不仅仅是孩子为父母分忧的权宜之计，它更关系到孩子今后的就业成才和幸福生活。

但可能有些父母会发出疑问：对于这些已经懒惰成性的孩子来说，怎样才能让他们做家务活呢？确实，现在的独生子女能做到这一点是很不容易的。放手让孩子干一些家务活，这话说起来容易做起来难。那么，有什么好方法能让孩子们动起来呢？又该如何给他们制定规矩呢？

对此，妈妈可以采取以下招数：

1.让孩子尝尝懒惰的苦头，逼其出手

我们来看看这位妈妈的训女经历：

"女儿今年初一，别说让她做家务，就连自己的袜子她都不洗，不过这也是我惯的。在她升入四年级后，学习工具、课本的增多让孩子的房间变得一团糟，写字台上、床上到处都是书、纸。没办法，我看不下去了只好帮她打扫。有一天早晨要上学了，她还在房间里一边急急忙忙地找自己的数学课本，一边向我大发牢骚：'跟你说了多少遍了，你就让我的房间乱着，我的东西你别动，你别收拾，现在好了，我的东西都找不到啦！'帮她找出数学课本后，我故意打击她：'今后看你还要不要我收拾。'吃过几回苦头后，女儿一看到我拿着抹布向她的房间走去，就赶紧说'我自己来'。此后，女儿似乎喜欢上了收拾自己的小屋子，没事的时候，她还会采些花儿回来摆在房间里，每当周末大扫除的时候，她也会加入我们的劳动队伍中。看来，我的办法奏效了。"

2.多鼓励，让孩子尝尝劳动的甜头，使其爱出手

要提高孩子的劳动积极性，少不了鼓励和表扬。

"儿子从小就爱劳动，这是因为我经常夸他。记得儿子3岁半时，我用破衣服给他做了一个小拖把，每天让他学习拖地。虽然他那架势像是在写大字，但我仍高兴地夸他是个爱劳动的好孩子。有时，邻居们看见了也忍不住表扬他几句。得到肯定后，儿子的干劲儿更大了，不但要争着拖地，还抢着擦玻璃、洗碗。但是，儿子上了初中后，好像变懒了，于是，我再次使出了旧招数。那天，我很忙，没回家做饭，等吃晚饭时我回来了，一揭锅，才发现饭菜都做好了，虽然很难吃。我无奈地笑了笑，但还是进房间对儿子说：'你做的饭菜味道不错哦，不过如果少放点儿盐会更好些。'儿子高兴地答应了，下回做饭味道好多了。"

之后，每当妈妈提到自己爱劳动的儿子的时候，就满脸笑容。

3.适当给孩子点好处，诱其出手

宋佳佳搬新家了，妈妈本想请个钟点工打扫卫生，但宋佳佳知道做钟点工每小时有30元后，就主动"请缨"："妈，你就请我吧，质量三包，而且肥水不流外人田嘛。"想想这不仅能调动她的劳动积极性，又能让她明白赚钱的辛苦，妈妈就爽快地应承了。果然，孩子干活很卖力，卫生也做得很好，特别是她还能用赚来的钱买些参考资料和学习用品，这让她很有成就感。

不过，将孩子的零用钱和家务挂钩只是一种战略技巧，还要从根本上培养孩子的家庭责任感。家长要告诉孩子："做家务并不只是爸爸妈妈的责任，你

也是家庭的一分子，也有做家务的责任和义务。"

事实上，孩子并不是不愿做家务，关键在于家长要善于引导，使其保持对劳动的积极性。所以，作为父母，我们要适当超脱一些，尽早放手让孩子成长。让孩子在做好他们自己事情的同时，也多做些家务，从而培养孩子的自立能力！

饭前便后洗手，是每个年幼的孩子都要学会的规矩

吃饭之前要洗手，这是一个重要的卫生习惯。俗话说："饭前要洗手，细菌不入口。"

孩子除睡眠时间外，两只小手一刻也不想闲着，尤其是年幼的孩子，看见什么都想摸一摸，拿一拿。有的孩子还喜欢在地上玩土，这样手上就沾染了很多细菌、病毒和寄生虫卵。如果吃食物前不洗手，拿起来就吃，手上的细菌就容易随同食物一起进入腹内，进而引发一些疾病。

若孩子平时身体抵抗力强，细菌也闹不起来。但当孩子着凉或玩得过度疲劳时，身体的抵抗力降低了，体内潜伏着的细菌或新吃入的细菌就会活跃起来而使孩子发病。因此，父母一定要做到饭前（或吃食物前）先给孩子洗手，从小培养孩子饭前洗手的好习惯。

大小便后洗手，也是预防疾病的重要措施之一。因为很多疾病是通过粪便传播的，尤其是肠道传染病，如痢疾、肠胃炎、肝炎，还有蛔虫、蛲虫病等。如果大便后不用肥皂洗手就去拿玩具，会把细菌转移到玩具上，再边玩边吃东西，或接着去吃饭，就易感染疾病，不但会形成自身的反复感染，还会传染给其他人，使病情迅速蔓延。因此，孩子大小便后一定要用肥皂将手洗干净。

那么，妈妈如何给孩子立规矩，让孩子养成饭前便后洗手的好习惯呢？

1.父母以身作则，为孩子树立讲卫生的好习惯

孩子的卫生习惯都是从小形成的，且与父母的态度和家庭习惯有很大关系，只要我们自己不偷懒，平常能做到饭前便后洗手，外出回家后洗手，自觉起到榜样作用，孩子一定能潜移默化地养成良好的卫生习惯。

2.逐渐引导孩子认识洗手的必要性

告诉孩子为什么要洗手。手接触外界难免带有细菌，这些细菌是看不见、摸不着的，人如果不将双手洗干净，手上的细菌就会随着食物进入肚子，就会因为吃进不洁的东西导致生病。有条件的还可以带孩子通过显微镜观察，认识人手上的细菌，帮助孩子了解洗手的重要性。如果妈妈能详细地给孩子解释，相信他们能明白，并会慢慢养成饭前、便后洗手的良好习惯。

3.耐心提醒

耐心提醒孩子勤洗手。有的孩子贪玩、性子急，不是忘记洗手就是不认真洗。这时妈妈应耐心地提醒孩子洗手，不要因孩子不愿意洗手而采取迁就的态度，因为如果父母不时刻提醒，孩子就会以为这件事不重要，渐渐忘记要去做了。

4.日常督促

要让孩子养成饭前便后洗手的好习惯，妈妈就要多督促。我们在孩子吃饭前、玩玩具后、便后等情况下，一定要督促他的洗手动作。只有通过反复地督促、提醒，孩子才会渐渐养成饭前、便后主动洗手的好习惯。

5.教给孩子正确的洗手方法

妈妈应教给孩子正确的洗手方法：先用水冲洗手部，将手腕、手掌和手指充分浸湿后，用洗手液（或香皂）均匀涂抹，让手掌、手背、手指、指缝等处都沾满丰富的泡沫，然后反复搓揉双手及腕部，最后用流动的水冲干净。孩子洗手的时间不应少于30秒。

6.强化记忆

孩子生病是很常见的事情，这个时候妈妈要向孩子讲解一些疾病的知识，如疾病是由手上的细菌引起的等，强化孩子饭前便后洗手的记忆。

7.调动孩子洗手的积极性

用儿歌或游戏等方式教孩子养成洗手的好习惯。妈妈可以通过讲故事的方式告诉孩子为什么要洗手，不洗手、不讲卫生会有什么后果；教会孩子《洗手歌》："掌心对着掌心搓，手掌手背用力搓，手指交错来回搓，握成拳头交替搓，拇指握住较劲搓，指尖放在掌心搓。"妈妈和孩子一起边洗边唱，让孩子学会正确的洗手方法；告诉孩子什么时候要洗手，如吃饭前要洗手、上好厕所要洗手等。爸爸妈妈还可以和孩子比赛，"看谁的小手洗得最干净""看谁是最讲卫生的人"等，以游戏的方式引导孩子自觉洗手。另外，要奖励孩子正确的行为。在孩子不需要大人提醒而做到饭前便后洗手时，妈妈应及时表扬，强化他们正确的行为，久而久之，饭前便后洗手也会成为孩子生活习惯的一部分。

早睡早起，每个孩子都要遵守一定的作息规矩

俗话说"身体是革命的本钱"，父母都希望孩子努力学习，但不能给孩子太大的学习压力，只有让孩子劳逸结合，孩子才能高效学习。而这就需要我们为孩子制定生活规矩，让孩子有个好的作息习惯。

最近，冲刺中考的洋洋总觉得自己时间不够，生怕自己考不好，不能进省重点高中，于是挑灯夜战，想抓紧最后一段时间多复习点儿。可由于休息不够，洋洋一整天都精神萎靡，心神不定，上课也提不起精神，为此，洋洋妈妈很担心。

生活中，不少孩子和洋洋一样，认为只有抓紧时间学习，不放过每一分每一秒，尽可能地多学些东西，才能学习好，其实这是一种误解。因为睡觉就是要自己的左半脑休息的，如果休息不好就达不到休息的目的，一整天你都会觉得全身无力，提不起精神。

这里就存在一个效率的问题。效率指什么呢？好比学一样东西，有人练10次就会了，而有人则需练100次。那么，如何提高学习效率呢？其实最重要的一条就是劳逸结合。

学习效率的提高最需要的就是清醒敏捷的头脑，所以适当的休息、娱乐不仅仅是有好处的，更是必要的，是提高各项学习效率的基础。

作为休息的方式之一，睡觉对于人体有很大的作用，第一是消除身体疲劳，第二是消除精神疲劳。另外一种观点认为，睡眠的主要功能是缓解大脑的疲劳。人的一生中，将近1/3的时间是用于睡觉的。刚出生的婴儿几乎每天要睡20小时；即使成年后，每天至少也要睡7小时。而且，青春期的孩子正处于身体

发育的阶段，保证充足的睡眠也是必要的。

当今社会已经不是一个"头悬梁锥刺股"即能成功的社会，学习上也是。牺牲休息时间学习，完全不顾自己的身体，这种做法既有损身体健康，又没有效率，往往事与愿违。对此，妈妈应该结合孩子的生理承受力，为孩子科学地安排作息时间。即使孩子学习紧张，也要劳逸结合，这才符合人的心理、生理规律。

那么，妈妈如何定规矩，引导孩子养成早睡早起的习惯呢？

1.每天保证8小时睡眠

充足的睡眠，饱满的精神是提高学习效率的基本。因此，我们要为孩子规定：中午坚持午睡，晚上不要熬夜，定时就寝，每天保证8小时睡眠。

2.父母也要尽量做到早睡早起

有必要的话，父母可以和孩子一起养成早睡早起的习惯，最好全家人都动员起来，以营造良好的氛围来协助孩子调整好生物钟。只要生活有规律了，无论什么季节，孩子都能拥有健康、元气饱满的一天！

3.用饮食来协助调整

饮食也会影响睡眠，如果晚餐吃得过饱或摄取热量过高的食物，孩子可能会出现肠胃不适，或者精力过于充沛，这都会导致睡眠不好。如此恶性循环，会对孩子的健康十分不利。因此，我们和孩子都要注重早餐吃好、午餐吃饱、晚餐吃少的原则。

4.告诉孩子要睡好午觉

不要忽视午觉的作用。在午餐和晚餐中间，一般人都会觉得头昏脑涨，思维迟缓，好像也不太能集中精神，这是人正常的生理反应。越来越多的证据显示，在经过半天的活动之后，有一股力量会驱策我们休息一下，同样，对于学习阶段的孩子来说，更应重视午觉的作用，让大脑得到休息，否则过度地用脑会对大脑发育产生不良影响，也不利于下午的学习。

5.给孩子制定生活作息制度

给孩子制定一个生活作息制度，每天什么时间干什么，给孩子讲清楚，没有特殊情况不要变动。并且要持之以恒。不能一到周末就玩到深夜，早上全家人都赖在床上不起来，这样很难使孩子养成良好的睡眠习惯。持之以恒地遵守作息制度，时间长了，孩子自然而然会养成早睡早起的好习惯。当然，养成好习惯不是一天两天的事情，需要我们耐心引导，一定不能操之过急。

情理结合，告诉孩子"自己的事情自己做"

现代社会，孩子由于受到家长的溺爱，造成了教育的"温室效应"，一些任性固执、追求享受、独立性差的孩子，习惯了家长包办一切，连生活中最基本的自理能力都没有。因为生活中，很多家长是这样做的：

（1）早上上学快要迟到了，可孩子依然慢吞吞，受不了了，赶快帮他穿衣穿鞋。

（2）看他吃饭慢吞吞的，天又冷，算了，喂他吧。

（3）孩子说要自己洗澡，就怕他洗不干净，大了再说吧，还是我帮他洗。

（4）自己生病了，本来想让孩子泡个面，可营养不够啊，算了，还是坚持一下，给孩子做饭吧。

（5）书包可真重，现在正是长个子的时候，帮孩子拿不为过吧。

（6）画画后桌面一片狼藉，可睡觉的时间又到了，算了，我来收拾吧。

（7）要出去旅行了，小家伙怎么懂收拾行李嘛，肯定是我来帮忙的。

这些现象在生活中随处可见，家长充当了孩子的保护伞，却似乎没有注意到，这样会导致孩子缺乏自理能力，将来在面对、解决困难时，都会表现出缺乏自信和独立性的一面，更别说独当一面了。因此，家长必须引起重视，要为孩子立下规矩，让他尽早学会"自己的事情自己做"。著名教育家陈鹤琴先生说："凡是孩子自己能做的事，让他自己去做。"这不仅对培养孩子的独立性、自理能力很重要，同时也培养了孩子的责任感，使孩子能对自己的生活、行为负责。从小开始，家长就应该让孩子做一些他力所能及的事情，让孩子逐步养成爱劳动的生活习惯，这对孩子的一生都意义深远。

有位妈妈在谈到教育儿子的心得时说:"我们家里虽然是祖孙三代一起住,可儿子爷爷奶奶对他的独立性培养很重视。只要是儿子能力范围可以完成的事情,我们都让孩子自己做,并且形成规矩,其他人只是待在旁边,在必要的时候给予孩子指导。突然有一天,儿子高兴地说:'我自己会穿衣服了,你们都出去吧,我自己的事情自己做。'让我感到十分高兴的是,他竟然真的自己穿上了衣服。虽然穿得歪七扭八的,但我不失时机地夸奖了他,他高兴得一蹦一跳的。"

和这位妈妈一样,要教育出有出息的孩子,必须为孩子立下规矩,让孩子尽量自己的事自己做,这有助于培养孩子的自理能力。家长要明白,孩子总有一天会长大的,小的时候受到一点儿挫折,凭借自己的力量解决,明天就会独立成长。孩子总要离开父母的怀抱,走上竞争的社会。父母放手越早,孩子成熟越早。早些让孩子自立,孩子就可以早点儿培养责任感,并逐渐拥有主见。在这点上,妈妈应注意以下几点:

1.要学会放手

培养孩子的自理能力,首先妈妈要有让孩子独立的意识,否则所有的行为都是花架子。而所谓独立的意识,简单来说就是孩子能做的让他自己做,并且形成规矩,因为每个人的生活终将是每个人自己过的,妈妈不要在他幼儿时剥夺他独立生活的意识。只有这样,孩子以后才能走得好、走得让家长放心。

从孩子学走路的那一刻,孩子就已走上自己独立的征途。这时妈妈要做的就是,孩子能自己走,哪怕走得歪歪扭扭,会摔跤,也要让他自己走。

2.不要扼杀孩子的自理萌芽

其实,每个孩子都有自己动手的欲望与萌芽,不同的年龄段有不同的表现。例如,孩子一岁多时爱甩开大人自己走路、自己去抓饭来吃、自己穿鞋子等,因为他们对这个世界充满了好奇,想通过自己双手的触摸来探索。当孩子有这样的表现时,妈妈要用笑脸来鼓励孩子去做。

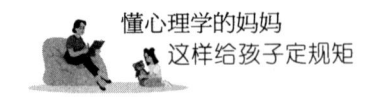

3.自己的事情自己做

孩子到了两岁，已经可以做一些事情了，这正是培养自理能力的好时候，而从自己身上开始做、自己能做的事情自己做，这是一个很好的方法，如自己喝水、自己走路、自己吃饭等。

4.妈妈要有足够的耐心

我们经常会见到：孩子在穿衣服或鞋子，穿了半天没穿好，妈妈冲到他面前，边数落边快速地帮孩子把衣服或鞋子穿上。孩子动作都是慢的，因为这个世界对于他们来说本就是新的，我们看上去很简单的东西，对他们来说却要反复去学，反复练习才能做到。所以，面对孩子的"慢动作"，妈妈要有足够的耐心。

例如，父母很赶时间，但孩子还在那儿磨蹭，解决这个问题的方法是：总结经验，把出门的时间提前一点儿，如打算9点出门，就从8点10分或8点钟开始准备。这样，就有足够的时间让孩子自己穿鞋穿衣了。当孩子提前准备好时，父母可以奖励孩子，但不能是物质的，最好是口头上的奖励，如摸摸他的头、冲他笑一下，或者给他竖一个大拇指，这样就够了。孩子从家长的表情、动作就可感知你的鼓励。

总的来说，家长一定要让孩子多动手，告诉他"自己的事情自己做"，这有利于培养孩子自理的习惯和自立的能力。日常生活中，不要总是为孩子包办一切，纵容孩子的懒惰，凡事爱代孩子动手的习惯妨碍了孩子自理能力的培养及锻炼，更是剥夺了孩子学会独立自理的机会。为孩子定规矩，孩子能做的事让他自己做，在孩子做时家长要有耐心，要容许孩子犯错误，只有这样，才能培养出一个独立、自理能力强的孩子！

第 07 章

定花钱规矩，情理结合说服孩子有节制地花钱

随着人们生活水平的提高，很多家长爱子心切，舍不得让孩子吃一点点苦，对孩子有求必应，这导致孩子养成花钱大手大脚、奢侈浪费的坏习惯，这样的孩子将来怎么能独当一面呢？要想培养好孩子，让孩子有一个辉煌的人生，就必须从小为孩子定花钱规矩。为此，家长要从自身做起，摆正自己的价值观，才能言传身教地让孩子对金钱有个正确的认识，才能让孩子做金钱的主人，才能让孩子远离奢侈浪费，才能教会孩子如何理财、如何凭自己的本事挣钱。

告诉孩子要花钱，自己挣

我们都明白一个道理：孩子始终是要走上社会的，也最终要靠自己，他们不可能永远在父母的臂弯里成长。因此，家长要注意培养孩子艰苦奋斗、自力更生的能力，要让孩子杜绝"没钱找爸妈"的想法，要制定规矩，告诉孩子"要花钱，自己挣"。凡事靠自己的孩子才能沉着冷静地应对艰难困苦，才能适应充满激烈竞争的社会。

我们不得不承认这样一种社会现象的存在：随着人们生活水平的提高，很多孩子生在幸福窝里，不知何谓"吃苦"，而他们手中的零花钱也渐渐富余，因为很多父母抱有"宁可苦了自己，不能苦了孩子，吃苦的年代已经过去了"这样一种想法。但这种想法导致了孩子要零花钱时心安理得，花得也是大手大脚，全然不知家长赚钱的辛苦。其实，父母手里的钱也是通过付出劳动和汗水得到的报酬，每个人想要得到什么，都必须有一定的付出。因此，在家庭教育中，父母可以鼓励孩子自己挣零花钱。通过这种方式，让孩子知道赚钱的辛苦，从而改变乱花钱的习惯，学会控制自己的消费行为。

这一点，小约翰·洛克菲勒（后文简称为小洛克菲勒）做得很好。他是闻名全球的富豪，可他教育孩子的方式却出乎人们的意料。按照人们的理解，在这种家庭生活的孩子肯定是享尽荣华，无所不有，但事实恰恰相反。

小洛克菲勒对其子女的管教方式与其父亲老约翰·洛克菲勒有关，他的父亲用同样严格的方式教育他，而他继承了这一点。这导致他的6个子女并没有享受过由金钱带来的过于奢华的富裕生活，他们没有游泳池，没有网球场，没有棒球场。在洛家庄园里，他所有的孩子都穿着普通的服装，玩耍着自己制作

的各种玩具。

小洛克菲勒积极地鼓励孩子们参加家务劳动，以此来获得额外的补贴。例如，逮到走廊上的苍蝇每100只10美分，捉住阁楼上的耗子每只5美分，背柴火、垛柴火和拔草每小时可得若干等。当时9岁的二儿子纳尔逊（后来的副总统）和7岁的三儿子劳伦斯（后来的新工业巨子）就主动地承包了全家擦皮鞋的活儿。皮鞋每双5美分，长筒靴每双10美分。

平时，小洛克菲勒会带头补衣服给孩子们看。他还要求孩子们开垦菜园，种菜种瓜，除满足自家需要外，还卖给附近的食品杂货店。纳尔逊和劳伦斯当时就合伙饲养过一批家兔，卖给了医疗所，供科研使用。

在日常开支上，小洛克菲勒规定：零用钱因年龄而异，10岁之前每周3美分，10岁之后每周1美元，12岁以上每周2美元，每周发放一次。孩子们所用零花钱，需要有详细记录。如果是不正当开支，在下周发零花钱时要予以适当扣除。小洛克菲勒认为：这是教育孩子力求节约，避免浪费。

小洛克菲勒为使子女不饱食终日，挥霍无度，当第一次世界大战爆发的时候，他要求全家和千万平民一样转为战时的经济状态：食糖限量，面包限额，戒吃牛肉，甚至不许子女外出游乐。这种严格的平民化的生活与观念的训教，逐步养成了子女们崇尚节俭、反对奢华的优良品格。

小儿子戴维（后来的大通国民银行总裁）在读大学时，就曾回忆道："从我们最初的岁月起，父亲就教我们不要把食物吃剩在盘中，不用灯时不能将灯亮着，不能乱花钱……这是令人憎恶的浪费和懒惰。"

小洛克菲勒为什么会这样教育自己的孩子？用他自己的话说："为了不出败家子。"因此，他对孩子进行"平民化"教育。小洛克菲勒富甲天下，却舍不得给孩子太多钱，对于孩子的零花钱，不但根据年龄制定了不同的标准，还鼓励孩子依靠工作赚钱。他鼓励孩子工作，是为了让孩子积累宝贵的人生经验，让孩子体会到父母赚钱的辛苦，让孩子明白"天下没有免费的午餐"，只有付出才会有收获。孩子通过劳动赚钱，不但会产生一种成就感和自立感，也为将来独立开创事业积蓄了知识和力量。

恰好相反，很多中国父母认为，对于孩子不能太苛刻，他们还小。经常有父母把自己辛苦一生积攒的钱留给下一代，为了使他们有更好的生存环境。可事实上，这却造成了这些孩子好逸恶劳、不劳而获、不懂得靠自己的双手打拼。钱财来得太容易，会让孩子不懂得珍惜，也感受不到其中的艰辛和荣耀，更谈不上自立地做人做事。这或许就是中国人说"穷不过三代，富不过三代"的原因吧。

无数事实证明，过早地给孩子太多金钱对他们的人格养成并没有好处。不让孩子坐拥财富，反而能让他们认真工作，并且远离吸毒、酗酒和游手好闲的生活。因此，父母爱孩子，就不能让他们坐拥财富，而要让他们凭自己的本事挣钱花。

因此，妈妈们要记住这句口号："要花钱，自己挣。"应该多对孩子进行引导，创造条件，让孩子从小养成独立的精神，学会在奋斗中成长。让他们在自食其力的行动中完善自己的独立人格，这种教育方式将成为他受益一生的财富！

孩子花钱大手大脚，妈妈怎么引导

父母都希望把最好的给孩子，"为了孩子"好像成了一些家长生活的唯一目标，似乎生活的意义就是为了孩子。这样的教育结果是：孩子花钱大手大脚，从不会计划开支。其实，真正为孩子好，就要为孩子制定花钱的规矩，在物质消费上，一定不能心慈手软，而是坚持原则，视家庭经济状况，把好孩子消费关。当然，这并不是要断绝孩子的一切消费行为，对孩子花钱上的节制也并不等于克扣，而是酌情处理。引导孩子计划开支，合理花钱，让孩子从小懂得生活的艰辛和自食其力尤为重要。

中国的父母被称为天底下最爱孩子的父母。有些父母对孩子的爱甚至丧失了理智，认为爱孩子的最好方式就是金钱，所以他们给孩子大把大把的零花钱，但这却在无形中让孩子形成了一种金钱依赖性，大手大脚地花钱，甚至引发一些未成年人违法犯罪的行为。

在家庭教育中，妈妈应该做一个有心人，及时认清乱花钱、没有正确的消费观和金钱观给孩子带来的危害，然后采取有效措施，才能避免很多家长这样的烦恼："孩子现在好吃懒做，成绩不理想，喜欢上网玩游戏，在高档商场花钱如流水……导致这些坏现象的原因都是金钱，都是金钱惹的祸。"

小李夫妇为了能让儿子感受到金钱的来之不易，准备在一个星期天进行一次社会实践活动。

周末，他们带着刚上小学的儿子一起去逛街，在一个繁华的路口，有一位老奶奶正在卖报纸，但少有路人买。于是，小李从口袋里掏出5元钱交给儿子，让他去买10份报纸。儿子买回报纸后，小李夫妇跟他商量：再按原价把报纸卖出去，看看我们能不能很快卖完。儿子在小李夫妇的支持与帮助下，花了很长时间才把10份报纸卖出去。

卖完这些报纸以后，小李夫妇让儿子去问老奶奶，卖一份报纸能赚多少钱。儿子从老奶奶那里得知，卖一份报纸只能赚几毛钱，而且辛苦得很。他突然想："我一天的零花钱有时候是老奶奶要卖好几天报纸才能赚来的。"于是，他对小李夫妇说："爸爸妈妈，我以后可不能随便花钱了，挣钱太不容易了。"小李夫妇肯定了孩子的想法，及时表扬了他。这个男孩后来很懂得节俭。

小李夫妇在教育孩子上的方法值得我们借鉴，让孩子身体力行地尝试赚钱的辛苦，孩子才能切身感受到金钱的意义和价值，才会明白应该如何正确消费。

的确，现代社会，很多孩子不懂得节俭，乱花钱、随意浪费的现象相当严重。很多拿着压岁钱的中小学生请客、送礼、聚会、K歌……表现出来的那种比阔气的"成熟"让人瞠目结舌。现在的孩子不会挣钱，却越来越会花钱，而且丝毫不体谅家长的辛苦，这种现象不得不引起每位家长的深思和重视。

这些现象出现的原因，一是家长疼爱孩子的心理，认为他是家里的"独苗"，不能苦了他；二是家长的消费观有时候也给孩子一定的心理影响，他们也攀比、从众、追时髦、喜新厌旧；三是社会上很多广告的诱惑。

人们的消费可以分为生存性消费、发展性消费、享乐性消费三种。生存性消费、享乐性消费不难理解，发展性消费是指为了人的身心健康发展、科学文化素质提高、事业发达所进行的消费。每个家庭的经济状况各不相同，新时代的家长应该以身作则，帮助孩子树立正确的消费观、金钱观，杜绝孩子乱花钱的不良习惯。

要帮助孩子克服乱花钱的习惯，妈妈应该留心观察孩子的消费项目，然后根据孩子的实际消费情况，制订出具体的计划。具体说来，妈妈可以从以下几点做起：

1.引导孩子正确认识钱的意义

让孩子从小懂得钱是什么，钱是怎么来的，怎样正确地对待钱财。对于年龄较小的孩子，联系实际生活进行讲解，多引用一些勤俭节约的事例，让他在启蒙阶段就逐渐形成节约用钱的习惯。对于年龄大的孩子，可以就钱的问题进行讨论。

2.教育孩子不乱花钱

这不仅能杜绝孩子乱花钱，还能让孩子学会如何理财。孩子的消费行为是由被动逐渐走向主动的。从孩子还小起，就教孩子买必要的东西，正确地消费，如何选择物有所值的商品，教孩子保管好钱，防止丢失、被盗。当孩子逐渐步入成年的时候，让孩子学会先认真思考再花钱，并逐渐养成习惯，避免盲目消费。另外，也可以采取让孩子"一日当家""一周当家""记收支账"的方法，让孩子在实践中学习理财，培养节俭的习惯。

3.帮助孩子学会积累和储蓄

孩子手里的零用钱、压岁钱按照计划使用，适当积累。必需的东西选择买，可买可不买的选择不买，把钱存起来，让他体会到积累的快乐，从而逐渐形成节俭的习惯和品质。

4.教育孩子珍惜物品，不浪费

让孩子了解所吃、所穿、所用的东西来之不易，都是用汗水和心血创造出来的，随意浪费是不珍惜劳动果实、不尊重劳动的表现。带领孩子一起劳动，体会劳动的艰辛，只有这样，孩子才会格外珍惜自己创造的具有劳动价值的东西。

新的时代里建立新的消费观念无可厚非，但应具科学性。培养孩子节约的品质，要从家长做起。家长从认识到行为，都要给孩子树立好榜样，这样才会带动孩子养成节约的好习惯，才能杜绝孩子乱花钱的坏习惯，让孩子学会吃苦能锻炼他的意志，让他懂得奋斗。经历点儿苦难的洗礼，他才会更加珍爱生活，珍惜生命，才能成人、成才！

培养会花钱、精打细算的孩子

如何看待金钱，如何获取金钱，如何使用金钱，这都涉及金钱观。那么，什么是金钱观？简单地说，金钱观就是对金钱的认识、分配与使用方法的思考和行为模式。

正确的金钱观，指导我们理性地对待金钱，通过合乎道德与法律的正当途径挣钱，把钱用到利于国家社会、利于他人的、有益的地方，用到有利于自己发展、实现人生价值的地方。树立正确的金钱观，我们的灵魂会更纯洁，道德会更高尚。价值观的形成是一个长期的过程，家长要从小培养孩子正确的金钱观，穷什么也不能穷观念。现在，很多孩子在很小的时候，就认识"钱"这个神奇的物品，但是对钱的观念却是后天培养出来的，如果家长能多给孩子一些正面的教育与示范，就能给孩子奠定一个良好的金钱观基础，让孩子在未来能得心应手地处理金钱事务。

为孩子制定金钱规矩，目的也就是培养孩子正确的金钱观，包括鼓励孩子积累财富，培养精打细算的习惯。但这并不意味着要让孩子和金钱隔离开，家长要明白，金钱不是罪恶的，不要让孩子对钱产生神秘感。孩子不管在哪个阶段都会有"金钱主义"，如果你没在家里教会他正确的金钱观，而是把这块空白留到他离开家步入社会之后才来填补，那就很容易失控。那些上大学后，拿学费玩电子游戏、上网的孩子，都是由于父母早期的金钱教育缺失或错误造成的。因此，要为孩子制定花钱的规矩，让孩子学会精打细算，首先就必须让孩子对金钱有个全面的概念，妈妈可以从小教孩子掌握一些金融理财知识。

3岁，应学会识别小面额钱币。

4岁，学会用钱买简单的商品。

5岁，知道管理少量零花钱，知道钱是通过劳动得到的报酬。

6岁，会识别大面额钱币，知道简单的零钱找换。

7岁，懂得识别价格标签并确认自己有无购买能力，保证找回的钱数正确无误。

8岁，知道估算所要购买商品的总成本，知道节约以应对近一个月内的需要，懂得在银行开户存钱。

9岁，知道订立简单的每周开销计划，购物时知道货比三家。

10岁，知道每周储蓄小笔钱以在必要时购买较贵的商品，懂得阅读商业广告。

11岁，知道进行较长期的银行储蓄，包括储种、利率，学会计算利息，知道复利的原理。

12岁，知道明智投资的价值，懂得正确使用一般银行业务中的术语，并知道钱来之不易应该珍惜。

13~15岁，可尝试一些安全的投资工具和服务，知道如何进行预算、储蓄和初步投资。

16~17岁，学习一些宏观经济基础知识，了解简单的金融工具之间的相互联系。

掌握这些金钱知识后，孩子自然就能懂得如何精打细算。生活中，很多妈妈抱怨："孩子昨天要钱，今天要钱，可这些钱却不知道花到哪里了。"追根究底，家长的教育是造成孩子奢侈浪费的重要根源之一。要让孩子从小有良好的金钱观，懂得精打细算，家长除了让孩子明确钱的概念，更重要的是，从自身做起。

培养孩子的经济意识对于生活在现代社会中的孩子是很有必要的，但是把大人所有的金钱观全部灌输给孩子却是不明智的。孩子毕竟还小，心智不健全，他只懂得刻意地模仿。模仿的过程中如果没有大人的监督就有可能酿成大错。在这个充满诱惑的社会中，如何给孩子奠定一个正确的金钱观，给他未来的人生铺垫一个良好的基础显得格外重要。作为家长，只有以身作则，先给自己树立一个良好的心态、正确的金钱观，然后慢慢引导孩子，从生活中的精打细算开始，久而久之，孩子一定能勤俭节约，做到"君子爱财，取之有道，用之有度"，把正确的金钱观作为立世之本！

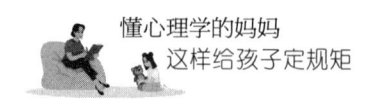

妈妈要善于激发孩子储蓄的兴趣

很多人发现,学校教育中几乎不涉及孩子的启蒙理财教育,这就需要家庭教育来补充。在孩子小的时候,父母就应有意识地培养孩子理财尤其是储蓄的能力,指导孩子熟悉掌握基本的金融知识与工具。从短期效果来看是规定孩子不乱花钱,从长远来看,将有利于孩子及早具备独立的生活能力,使其在高度发达、快速发展的时代中,具有可靠的立身之本。

一些华裔家长很重视培养孩子的储蓄观念,这为孩子以后学习炒股打下坚实的思想基础。例如,有的小孩喜欢吃冰激凌,如果买一杯要花50美分,家长就告诉他:"你想吃,可以,但是今天只能给你25美分,等到明天再给你25美分,你才能买来吃。"这就是孩子储蓄观念的萌发。又如,家长平时给孩子一些钱,或者让孩子得到一些劳动报酬,并帮孩子找到有利息的银行开一个存款账户。

曾经有人对教孩子怎么储蓄这个问题提出建议:"父母应该怎样教孩子财务知识?这些连父母自己都觉得枯燥乏味的东西,孩子们不会烦吗?而且当你自己就是一个风险的回避者时又怎么去教孩子投资呢?因此,我们不能简单地说教,而是要让孩子们玩着游戏,让他们自己去体会,和他们一起学习和讨论,我断定这是最好的教育方法。"

激发孩子对储蓄的兴趣,是孩子树立正确金钱观的重要部分。具体来说,妈妈可以这样做:

1.做到家庭经济透明,因为辛苦钱最值得珍惜

妈妈可以说:"孩子,当妈妈还是大巴司机时,微薄的薪水仅够家里紧巴巴的开支。但你是否觉得,那时买的巧克力特别香、糖特别甜、玩具更好

玩，有没有感到钱的珍贵？"以情动人，孩子幼小的心灵中容易有节俭和储蓄的萌芽。

2.帮孩子建立自己的银行账户——给他有限的自由

孩子们对于金钱还没有完全的掌控能力，妈妈又想给他们一定的理财自由以培养兴趣，当这两种需求结合在一起时，孩子的银行账户就形成了。

妈妈可以让孩子持有副卡并设置自己的密码，使孩子感受到一定的消费自由。妈妈持有主卡来遥控副卡，通过主卡对孩子日常花费有所了解。平时在妈妈给的上限金额内，孩子可以自由支配银行卡中的金额。孩子外出上学，妈妈也可以同银行约定，每月按时由主卡向副卡自动转账，这样妈妈就可以通过银行卡来监督孩子在校的消费情况，实现远程操控，也可以让孩子通过网上银行实现父母与孩子账户之间的资金划转。通过对理财账户的使用，孩子可以非常全面地了解一些储蓄常识，并在潜移默化中培养正确的理财观念。

另外，妈妈可以定期让孩子看到自己储蓄账户的金额，并给他制订一些小计划，让他体会到成就感和储蓄的收益。还可以不断地给他"小恩小惠"奖励，让他养成节俭并有计划的消费习惯，学会储蓄。储蓄账户，可以算得上激发孩子理财兴趣的第一步。

帮孩子储蓄，可以先从压岁钱开始。每次过年，压岁钱都会把孩子的腰包装得鼓鼓的，这些钱加起来是一笔不小的财富。妈妈除了帮助孩子购买一些必要的物品外，还能怎样利用这笔钱呢？

授人以鱼，不如授人以渔，与其为孩子准备金山银山，不如让他拥有理财技能，从储蓄开始，这是教孩子理财的敲门砖。

金钱观是价值观中重要的一部分，正确的金钱观更是帮助孩子拥有良好品质的重要内容。现代社会，理财能力的高低，已逐渐成为判定一个人能力大小的重要方面，因此，激发孩子的储蓄兴趣，是培养孩子各方面能力的良好开端！

让孩子养成勤俭节约的习惯

勤俭节约是中华民族的优秀品质，我们的祖宗曾留下许多脍炙人口的话语，以告诫后代子孙要养成勤俭节约的好习惯。例如，朱用纯将"一粥一饭，当思来处不易；半丝半缕，恒念物力维艰"当作"齐家"的训言；诸葛亮把"静以修身，俭以养德"作为"修身"之道。"俭，德之共也；侈，恶之大也。""历览前贤国与家，成由勤俭破由奢。"勤俭节约是中华民族的优良传统，是国人的一种传统美德，也是一个人必须拥有的优良品德。

古今中外勤俭节约的故事不胜枚举。伟人在勤俭节约方面为国人做出了表率。作为未来社会接班人的孩子，也必须拥有这种优良的品质，认识金钱的真正含义。但现实生活中，在孩子中间却出现了令人瞠目结舌的铺张浪费现象。究其原因，孩子手中的钱财来源于父母。所以，孩子浪费的习惯是由父母约束不力造成的。父母的溺爱，让孩子们丧失了自我控制的能力，占有欲望无限膨胀，只要自己喜欢，不加以思考就向父母要钱去买。一旦对某个贵重物品丧失兴趣，就会毫不犹豫地丢弃。这一可怕的现象，正普遍存在于我们周围的孩子当中。

为孩子定规矩，让孩子勤俭节约已经刻不容缓。从小养成的习惯会伴随人一生，在孩子成长初期培养他勤俭节约的品质，会使他受益终身，成为蕴藏在他内心深处的取之不尽，用之不竭的资本。

消费至上、享受第一、奢侈浪费、只知享乐的生活方式会让孩子养成贪婪、攀比、从众、追求时髦、喜新厌旧等很多坏习惯。孩子将来都要走上独自生活的道路，要想生活得好，勤劳节俭就必不可少。

虽然很多学校教育中，也提倡孩子勤俭节约，但这治标不治本，因为孩子心智还没成熟，很容易受外界因素的影响。奢侈的风气让孩子之间互相攀比，谁花的钱多谁就有威信，这更容易让孩子走上歪路。很多老师虽然反对孩子的奢侈浪费行为，平常也会批评孩子，但这不能从根本上纠正孩子不良的消费习惯，很难让孩子有所改变。而作为孩子经济来源的父母，言传身教就是改变孩子铺张浪费习惯的最好教育。其实，让一个孩子养成某种习惯并非难事，关键看家长怎么教育。所以，家长应该以身作则，培养孩子勤俭节约的品质。

生活中，很多孩子在吃、穿、住、行上攀比成风，随意浪费粮食，平常在外面吃饭时大手大脚，剩的要比吃的多，甚至为了摆阔气点很多菜，吃不完也不打包带走……究其原因，还是家长对孩子的影响不够。如果家长在生活中就不懂得勤俭节约，让孩子自己学习勤俭节约也是不可能的。

为了让孩子养成勤俭节约的好习惯，妈妈可以试用下面的方法：

1.让孩子从做一些力所能及的事情开始

例如，我们可以定下规矩：吃饭时要做到"光盘"，不剩饭，不随意倒掉饭菜；用水时水龙头不要开得太大，用完后要关紧；不丢弃没写完的作业本和纸张，可以留作草稿纸或他用，养成双面用纸的好习惯；生活中注意节约用电，光线充足时不开灯，充分利用自然光，要做到随手关灯，人走灯灭。当然，妈妈也要以身作则，让孩子在潜移默化中养成勤俭节约的习惯。

2.安排孩子多做些家务事

据调查：经常帮父母干家务的孩子不足10%，主动干家务的孩子更少。妈妈可以多安排孩子做一些力所能及的家务，让他真正体会到劳动的艰辛和不易，从而自觉地养成勤俭节约的习惯。

3.妈妈应积极配合学校的工作

妈妈要正确引导孩子，培养孩子艰苦朴素、勤俭节约的品格，坚决拒绝孩子提出的不合理的物质要求，向他们解释拒绝的理由，让他们学会珍惜父母的劳动成果。例如，参加一些社会实践活动，可以在小区里捡废品来换成钱。这样既可以让孩子体会到赚钱的辛苦与不易，又可以让孩子培养自力更生的能力。

　　妈妈除了让孩子节约外，还要让孩子形成勤俭的习惯。古人云：勤能补拙，俭以养廉。只要能够勤劳，即使是天赋差一些，也会把工作、学习搞好，会在事业上做出成绩。因此，家长要身体力行，培养孩子养成勤俭节约的生活习惯，这会让孩子受益终身！

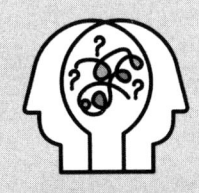

第08章
家庭教育不只需要爱，更需要用心立规矩

作为父母，我们都爱孩子，这是父母的天性，但这份爱中不仅要包含温暖与宽容，也要松紧有度，为孩子在"可以"和"不可以"之间划一条清楚的界线。培养孩子的规则意识是我们的责任，否则，宽容就变成了纵容，可以说，规矩，从什么时候开始都不会太早。有了正确的理念，才会有正确的方法。作为家长，要按照孩子的特点用孩子能够理解和接受的方式进行交流，先要理解、明白孩子的特点，然后用恰当的奖励和惩罚的方法慢慢培养孩子的好习惯。只有这样，才能让孩子获得经验和教训，让规矩真正建立起来。

妈妈为孩子制定规则，态度严肃才能产生心理威慑力

规矩对孩子的成长非常重要，影响着他们的生活与学习。通常，家长都认为规矩就是对孩子的要求，是对他们的一种控制与约束。其实，规矩对孩子来说还是一种指引，能够带给他们安全感与力量。

可以说，给孩子立规矩是父母应尽的职责。对孩子来说，立规矩则是一件十分必要的事情。然而，我们需要注意的是，规矩不是随便立就能成功的，更不是玩笑话，而是需要事先准备且严肃认真的。一般来说，随便给孩子立规矩，又没有好的态度与方法的话，立规矩这件事就会不了了之，更别说成功地给孩子立规矩了。

小杰的爸爸给他买了一个iPad，爸爸规定小杰每天只能玩半小时。

这天，小杰玩了20多分钟的iPad，玩乐的时间似乎太容易过去，很快半小时就到了，爸爸来关iPad，可小杰就是不放下。无奈之下，小杰的妈妈连忙去找了一个电子玩具给他玩，可是小杰还是不乐意，妈妈过来哄他："小杰，长时间玩iPad不好，乖，放下吧！"

"不行，我才玩一会儿！"

"你已经玩了半小时了！"

"不行！"

"小杰，不是规定了你每天只能玩半小时吗？你已经玩了半小时了！怎么能不守规矩呢？"

爸爸准备从小杰手上把iPad夺过来，小杰马上哭了，爸爸只好说："行，那你再玩会儿吧。"

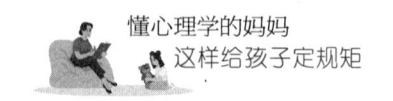

爸爸规定小杰每天只能玩半小时的iPad，可他玩起来却没完没了，显然，这是小杰在破坏爸爸制定的规矩。可见，父母给孩子立规矩，一定要言行一致，让孩子严格地执行，不然，就给了孩子破坏规矩的机会。给孩子立规矩时，一些父母言行不一致，这看似是方法有问题，实则是态度有问题，即没有做好准备，就匆匆给孩子立规矩。

那么，妈妈在给孩子立规矩时，要有怎样的态度呢？

1.不要随便给孩子定规矩

给孩子立规矩时，如果态度过于随便，今天让孩子守规矩，明天孩子不守规矩也随他，这就亵渎了规矩的神圣性，从而让规矩丧失了其应有的强制性。如此立规矩，注定会以失败告终。

2.明确告诉孩子为什么要立规矩

很多妈妈都有过这样的体会，孩子在家不太听话，非常难管，父母要求他做的事要三番五次地催他，他才勉强做得到，可是入园或入学之后，进入集体生活中时，孩子却变得非常乖，非常懂事，到底老师有什么魔法让孩子变得听话了呢？那就是规矩！孩子还是那个孩子，只是他明白了只有守纪律，才会被认可，才会得到老师的夸奖与肯定，哪个孩子不希望被认可、被表扬呢？即使他年龄再小，也会有这方面的需求。这时孩子的心理需求和行为便会统一起来，也就适时地遵守了规矩，所以有心要立规矩的妈妈，一定要用你最充分的理由告诉孩子立规矩的目的。

3.做好充足的心理准备

在给孩子立规矩前，很多妈妈都没有做好充足的心理准备，以为立规矩是一件很容易的事，没有预想到立规矩过程中可能遇到的困难。因而，一遇到困难就不知所措，甚至任其半途而废。

给孩子立规矩，不可匆匆上阵和孩子交锋。最好的做法是，没有充分准备好，不要开始立规矩，宁可让孩子这次先得逞了，也不要匆忙开始。否则，不仅这个规矩立不好，以后再给孩子立其他规矩，也会变得举步维艰。

　　总之，在孩子长到一定年龄时，适时立规矩是非常有必要的。年幼的孩子就像张白纸，任成长的岁月在这张纸上一笔笔描绘。他的一切都是新的，包括他以后会按什么轨迹走下去。所以孩子需要一个正确的成长指南，不过，我们需要明确一点，真正的规矩是根据自家的实际情况与孩子的自身条件来制定相应的准则。妈妈要让孩子把这些规矩默默立在心里，当作今后的行为规范来遵守。其实，要想给孩子立规矩，让规矩严格执行下去，首先需要父母摆正态度，严肃认真。

无规矩不成方圆，教育必须立规矩

俗话说，"国有国法，家有家规""没有规矩，不成方圆"。在家庭教育中，妈妈也应该为孩子制定一定的行为规则，如按时吃饭、睡觉、做作业等，这有助于孩子形成良好的行为习惯。

然而，在家庭教育中，很多父母却认为，孩子需要的是奖励而不是惩罚，实则不然，因为有一些孩子很任性，教育他们，光靠说教根本不起作用。因此，对于他们的一些错误行为，必须采取惩罚措施。就如教育专家孙云晓所说："没有惩罚的教育是不完整的教育，没有惩罚的教育是一种虚弱的、脆弱的、不负责任的教育。"

在美国，曾经有一个11岁的小男孩，他在踢球时，不小心将球直接踢到了邻居家的窗户上，打碎了邻居家的玻璃。为此，小男孩和邻居协商好，赔偿邻居13美元。对小男孩来说，这可是一个不小的数字，他为此很苦恼。

最后，他决定求助于自己的父亲，但没想到的是，父亲居然让他自己想办法。

"我哪有那么多钱赔给人家？"小男孩非常为难。

"我可以借给你，"父亲拿出13美元，"但一年之后你必须还我。"

于是，为了偿还父亲借给自己的13美元，小男孩开始了艰苦的打工生活。经过半年的努力，他终于挣够了13美元这一笔"巨款"，还给了父亲。

这个小男孩就是日后的美国总统里根。他在回忆这件事时说："通过自己的努力来承担过失，使我懂得了什么是责任。"

故事中，年幼时的里根总统通过"足球事件"获得了成长。这个故事告诉家长，在家庭教育中，惩罚的作用是无法代替的。惩罚作为一种教育手段，一个很大的好处是：有利于让孩子从小树立对自己的行为负责的观念。社会中的每个人都必须对自己的行为负责，孩子也不例外。如果做错了事或说错了话，就必须承担自己的错误所带来的各种后果。

要让孩子养成良好的习惯，最好的方法就是制定规则。孩子犯了错，你生气、愤怒都无济于事，只有规则能让孩子对自己的行为负责，并逐渐培养孩子成熟的品质，歇斯底里地叫喊只会让孩子从情感上远离你，甚至让亲子关系变得紧张，孩子自然不会服从你的教育。当然，在给孩子制定规则时，妈妈需要注意以下几点：

1.规则要明确、细致化

给孩子制定规则，一定要简单易懂，让孩子容易遵守。例如，让孩子遵守交通规则，就要让孩子知道红绿灯的作用；让孩子早睡早起，就要规定具体的时间。这样，孩子容易理解，也容易做到。另外，你最好明确告诉他违反规则会受到什么样的惩罚。

2.告诉孩子制定规则的原因

语重心长地告诉孩子为什么要早点儿上床睡觉，为什么要孝敬爷爷奶奶，孩子会感受到你的尊重，会认为你的话是有道理的，这样，他就会心甘情愿地接受。因此，在制定规则的时候，妈妈最好能和孩子平等对话，鼓励孩子发表自己的意见，与孩子共同制定规则，这样可以使孩子有一种责任感、义务感，并自觉自愿地遵守。

3.任何规则都必须无条件执行

遵守规则就必须无条件执行，无论时间、地点是否变化，都不能例外。例如，在外面不能说脏话，那么，回家也是如此。今天需要遵守这条规则，明天也是如此。

4.父母要以身作则

所有的规则不仅是立给孩子的，也是要父母严格遵守、以身作则的。

孩子的成长是离不开成人的督促的。父母要细心观察孩子在日常生活中的行为习惯，如果发现孩子的言行不符合规则，就应该及时提醒，并且，我们需要让孩子明白，一旦违反规则，某些惩罚就一定会降临到他身上。这样，孩子的规则意识就会在日常生活中慢慢得到强化。"言必信，行必果"，这句话将使父母和孩子受益无穷。

3~6岁，是孩子学习规矩的最佳年龄

在中国，有这样一句话："三岁看大，七岁看老。"这句话是有一定根据的。美国一项最新研究显示，人的性格在童年时期的早期就能形成，从六七岁孩子身上可以预测出他成年后的一些行为。

对于这一发现，曾有这样一项研究，研究方是美国加利福尼亚大学里弗赛德分校、俄勒冈大学和俄勒冈研究所的研究人员，研究的对象是20世纪60年代夏威夷州大约2400名不同种族的一至六年级小学生。在这一研究中，这些孩子的老师根据他们在日常生活中的表现进行打分，进而对他们的性格作出一个评价。

时隔40年，研究人员找到了其中的144名学生，对他们进行了深层次调查，并给研究对象接受调查时的情况录了像。

研究人员主要对比了4项性格特征：是否健谈，又称语言流利度；适应性，即能否很好地适应新情况；是否易冲动；自我贬低程度，主要看是否弱化自身的重要特质。

通过对比，研究人员发现：

40年前被认为健谈的学生，人到中年时依然有善于动脑、语言流利且喜欢掌控全局的智慧；40年前被认为不健谈的学生，人到中年时表现为能动性差，缺乏主见，遇事容易放弃，人际关系不如意等。

40年前被认为适应性强的学生，人到中年后乐观开朗，善于动脑，讲话流利；40年前被认为适应性弱的学生，成年后态度消极，缺乏主见，不善于处理人际关系。

40年前被认为易冲动的学生，成年后倾向于大声说话，兴趣广泛，健谈；

40年前被认为不易冲动的学生，成年后多表现得胆小害羞，与人保持一定距离，缺乏安全感。

40年前被认为自我贬低度高的学生，成年后易内疚，喜欢寻求安慰，爱讲自己的消极面，爱表达不安全感；40年前被认为自我贬低程度低的学生，成年后倾向于爱大声说话，善于动脑，表现出优越感。

从这一研究中，我们可以看出，童年早期的烙印对一个人的一生都具有深远的影响，无论是对童年、青年还是成年都是如此。等一个孩子长成了青年或成人，再要他改变自己性格的许多方面，那将是非常困难的。虽然在关爱他的人们的努力帮助下，他仍有可能改变自己的行为习惯、性格等的某些方面，但那需要时间，需要他本人和他周围的人很有耐心。

可见，童年早期正是人一生中培养真正的人性品质、态度和行为的关键阶段。在此期间，人要培养积极的情感和态度，建立良好的人际关系，学会分辨好坏，培育良知，懂得善良与公正。

对此，儿童教育学家指出，3～6岁，是为孩子定规矩的最佳年龄。6岁前的孩子正处于各项意识发展期，如果没有妈妈制定的规矩来约束他，孩子容易为所欲为，更不懂得判断自己言行是好还是坏。这样的孩子长大后将会变成一个不遵守规则的人，对于孩子的人际关系也将有非常大的影响。

的确，孩子3～6岁时，各种意识还处于萌芽和发展阶段，此时是教育孩子遵守规则的最佳时期。

妈妈要认识到，即使再爱孩子，也要逐步减少一点儿对孩子的溺爱，在他们3～6岁这一关键阶段给他们立下严格一点儿的规矩，并跟着孩子一起认真地遵守，培养孩子遵守规则、自制克己的好习惯。而且，有了大人的陪伴，孩子也会喜欢上遵守规矩的"游戏"，在"游戏"中健康地成长起来。

要培养孩子的自制力，必须立规矩

金无足赤，人无完人，人最大的敌人是自己。只有能够战胜自我的人，才是真正的强者。而这就考验到人的自制力。一个有着很强的自制力的人，就像一辆有着良好制动系统的汽车一样，能够在很大程度上随心所欲，到达自己想要去的任何地方。因此，美好的人生，就是从自我控制开始的。而生活中，人们之所以会做那些让自己后悔的事，归结起来，大多是因为自制力薄弱，抵挡不住诱惑，因此做了不该做的事。可见，父母在教育孩子的过程中都一定要培养孩子的自控能力。让孩子学会约束自己，他才能战胜未来生活中的种种困难，取得成功。

自律是最难以获得的品质之一。事实上，很多孩子都很难真正控制自己。如果一个人为了实现目标，能够抵制一时的诱惑和冲动，就更有成功的可能。自制力越高的人，成事的能力越强大。难怪作家塞缪尔·斯迈尔斯说："自律、自制是品格的精髓，美德的基础。"

事实上，懂得克制自己欲望的孩子的眼光是长远的，当他们成年后，对于眼前的事，他们会进行综合考虑，考虑一下这个现在对我有没有利，5年以后有没有利，10年以后有没有利。如果小时候不控制自己，长大了就会习惯"控制不住"的状态，矫正起来也就比较难。

那么，如何提升孩子的自制力呢？教育专家认为，立规矩是培养孩子自制力的前提。对此，面对孩子的要求，妈妈需要掌握以下几点：

1.适当延迟一下满足孩子要求的时间

培养孩子的自制力，就不能对孩子太过迁就，当他想要什么时，妈妈可以适当延迟一下，如过半小时再来处理孩子的要求。在这个过程中，孩子的忍耐

能力就无形中得到了提高。

2.立场要坚定，态度要温和

如果你想拒绝孩子的要求，那么，你就必须表现得立场坚定，进而让孩子明白自己的要求是无理的，但同时，你的态度和语气必须温和，这样才是真的以理服人。

例如，孩子想买一样东西，你可以这样说："抱歉，宝贝，妈妈最近经济有些拮据，大概3天后妈妈才能发工资，那么，这3天妈妈必须努力工作，你能帮妈妈在这3天干点儿家务吗？到时候妈妈再给你一点儿补助，3天以后再买给你，好吗？"这样态度温和地说，是要让孩子感受到："虽然妈妈没给我买，但妈妈是有原因的，妈妈也是爱我的。"

然而，很多父母在这方面做得并不好，他们一遇到孩子提出不合理的要求，就对孩子疾言厉色，甚至打骂孩子，这样既不能很好地教育孩子，又让孩子觉得你不爱他，进而影响亲子关系。

假如我们在教育孩子的时候能态度温和，客观地看待孩子的要求，当孩子做出任何不好的举动时，也能包容和接纳，那么，我们在与孩子进行任何互动时，就都能很好地把握分寸。

3.是否满足孩子，要看孩子的要求是否合理

当孩子提出某个要求时，是否立刻满足他，最重要的是看这个要求是否合理。如果你认为孩子的这个要求是合理的，就应该马上满足；如果你认为孩子的这个要求不合理，就一定要坚决拒绝，但需要注意的是，你必须在拒绝他的时候告诉他原因，告诉他怎样做才是对的。

家庭教育中，我们要遵循孩子的天性，但这并不意味着我们要满足孩子的所有要求。相反，为孩子定规矩，能提升孩子的自制力。这一点，需要家长在生活中加以贯彻实施，当你的孩子明白只有付出才有回报时，他也就拥有了一定的自控力。

规矩一旦制定，就必须用心监督孩子执行

我们知道，在家庭教育中，规矩是帮助孩子成长的必要手段，规则的重要性已经毋庸置疑，立规矩，实际上就是订立一个人的行为规范的原则。定规矩不难，难就难在能否坚定地执行，对此，我们要明白，规矩一旦设立，就不再需要过多的解释，而是要切实执行。而且父母这时候采取奖惩措施非常重要，最好能把奖惩的后果与孩子的切身利益联系在一起，如不能出去玩、不能看喜欢的电视节目、不能吃爱吃的东西等。同时，奖惩要及时，很长时间以后再兴之所至地"秋后算总账"，不仅不能起到教育作用，还会让孩子觉得家长是借题发挥。那么，我们先来看下面的故事：

辉辉今年6岁，刚上小学，开学前，爸爸妈妈和就辉辉约定好，开学后，由辉辉自己来洗袜子，辉辉也爽快地答应了。

周末这天，辉辉在客厅看动画片，妈妈看到放在卧室的脏袜子，就催辉辉起来洗，谁知道辉辉说："我不想动，不想洗。"

妈妈："可是这是你自己制定的规矩，快起来洗了。"

辉辉："我的好妈妈，我今天好累，好不容易放假休息，从下周开始我再自己负责洗，行吗？"

妈妈无奈地答应了，然后自己去了卧室拿脏袜子洗。

这里，辉辉妈妈的做法很明显不妥，默认孩子对于规则的破坏，就使规矩形同虚设，这样孩子势必会变本加厉地破坏，而之后再想与孩子重新定规矩就难上加难了。

那么，该如何让孩子执行规矩呢？妈妈可以用以下几个原则和方法：

1.与孩子一起制定规矩，家庭成员之间互相监督

一个家庭的规矩，是给家庭每个成员定的，要遵守平等、尊重的原则，要让孩子觉得公平，而非针对他一个人。首先我们要对孩子充满信心，对所有定的规矩，不仅大人要坚持做到，孩子也是一样。让孩子坐下来和我们一起商量应该在哪些方面制定规矩，具体应该做到哪些。让孩子参与的过程，实际上就是孩子形成正确思维的过程，正确思维一旦形成，在规矩实施时，只需要加深印象就行。另外，也让他对其他家庭成员进行监督，这会让他觉得公平，从而让他有坚持不懈的信心。这样，一家人就可以互相监督，形成良好的生活习惯和规则意识。

2.告诉孩子执行规矩无一例外

立下的规矩，无论时间、地点、场合，都要遵守，如在家不许随地吐痰，在外边也不许。而不是今天这个样子，明天那个样子；在家一套，在外边一套。这样只会让孩子糊里糊涂，无所适从。所有的规矩都不仅是立给孩子的，家庭成员都要严格遵守，以身作则。例如，要让孩子规律进食，父母自己就要在饭桌上举止规范，不挑食，不浪费，做到"光盘"，杜绝"舌尖上的浪费"。要让孩子懂礼貌，父母自己就要对所有的人——包括自己的孩子以及其他所有的孩子——使用文明用语。

3.偶尔"放宽政策"

例如，以零食代替正餐、中午看一会儿电视、晚睡一小时等会减轻孩子的压力，让孩子更加自觉地遵守规矩。相信孩子，不要以为偶尔的一次"放纵"就会养成什么坏习惯（从数学角度来看，一次不足以称为习惯；习惯是多次积累的后果）。有些事情，妈妈可以大胆放手，让孩子亲自体会一下"放纵"的后果。

冬天快到了，但是妞妞非要吃冰激凌，妞妞妈并没有反对，她只是告诉妞妞冷饮吃多了会不舒服，妞妞不理解。妞妞妈妈就依着她周末两天每天吃两次，一个星期过后，她开始咳嗽、流鼻涕，还吐了两次清水，说难受、不舒服。妞妞妈告诉她这就是冷饮吃多了的后果。从那以后，妞妞再也没有要求过一天吃两次冷饮，而是主动约束自己，只吃一次。

的确，有些事情，规劝不管用时可以换一种办法，不一定正面要求。例如，孩子爱吃肉，不爱吃青菜，无论我们如何劝他吃青菜，告诉他吃青菜的好处，他就是咽不下去。这种情况下，我们可以做一些带青菜馅儿的食品，如包子、饺子等，以此种方式让孩子进食青菜。或者吃饭的时候，我们自己吃青菜吃得津津有味，让他看着眼馋。这时他也许会主动要求吃一些，并对你讲道理："吃了这个菜，我的身体就更健康了，不仅不会生病，还会长高呢。"

4.多从孩子的角度出发立规矩

给孩子立规矩是为了让他们的生活更加和谐有序，而不是为了约束他们。所以家长在给孩子立规矩时应多从孩子的角度出发，了解他们的本意。有时孩子的错误行为并非带有恶意，如果孩子一犯错你就劈头盖脸地批评、惩罚，只会刺激他的情绪，让他不愿接受规矩。此时你应表明对他的理解，同时告诉他们做错了事就应该接受惩罚，以后不要再犯类似的错误。

孩子们天马行空，即便家长准备了很多"招数"，孩子也可能不按套路"出牌"，搞得家长哭笑不得。给孩子立规矩并非一蹴而就的，需要家长的言传身教，一点点渗透。在给孩子立规矩的道路上，妈妈们都应清楚一点：立规矩是为了让他们拥有更好的人生，而不是为了惩罚与约束。

第 09 章

用心教育，让孩子学习规矩也成为一件快乐的事

在家庭教育中，制定规矩并不是我们教育的最终目的，如果没有执行，任何规矩的设定都是毫无意义的。因此，我们在为孩子制定了规矩后，就要告诉孩子规矩要无条件地执行，并且要落实到生活和学习的方方面面。只有这样，规矩才会发挥它应有的效力，帮助孩子提升自制力。

第09章
用心教育，让孩子学习规矩也成为一件快乐的事

惩罚是对规矩的心理监督

前面，我们已经谈到了规矩对于孩子成长的重要性。一个没有规矩意识的孩子，在同别人的交往中会遇到更大的挫折，会严重打击孩子的信心。孩子对于他们成长过程中最初接触到的东西认可度最高。如果你一开始就告诉孩子，规矩是什么，孩子遵守起来没有任何困难；如果你给他的只有自由，没有规矩，那以后你再给孩子树立规矩，孩子就会同以前的生活作比较，他们会非常不适应，对你新树立的规矩非常抵触，认为你的要求前后不一致。而且习惯养成了，再改变就很困难。谈到了规矩，就要说到如何制定规矩，以及有了规矩后，相伴而来的惩罚。

有规矩就可能会产生惩罚。目前，更多的家长认为要多给孩子鼓励，但鼓励不能取代惩罚，鼓励也不是万能的灵药，不能解决全部的问题。惩戒和鼓励任何时候都是教育的两个不可或缺的重要手段。

惩罚孩子时，有一个很重要的原则是：只针对孩子的错误行为，不扩大化。如果把陈芝麻烂谷子的事都翻出来反复惩罚，抓住不放，那就不是惩罚，而是打击报复了。让孩子明白因为什么而受到惩罚也很重要。孩子总会犯错误，而且孩子越小，越难以分清大人对他的情感与他的错误行为，以及惩罚之间的关系。他会认为是父母不喜欢他了，而心生恐惧。所以要让孩子明白，他受惩罚是因为他的错误行为而不是因为父母不喜欢他了，如果他改正了错误，父母会更喜欢他，这样的惩罚效果会更好。

惩罚时妈妈们要注意以下几个方面：

1.明确规矩，让孩子了解什么能做，什么不能做

一定要让孩子明确知道父母的要求是什么，与孩子事先达成共识。如果孩子事先不清楚规则，家长突然惩罚，会让孩子非常委屈。另外，惩罚之前需要对孩子提出警告，给孩子一个改正的机会。

2.惩罚并不是打骂

打骂会对孩子的心理造成损伤吗？答案是：当然！我们不能把自己的失望发泄在孩子身上，更不能当着外人的面打骂或嘲笑孩子。家长要时刻牢记，自己应该始终给孩子温暖的拥抱，如果以恶劣的态度对待孩子，一来会激发孩子的逆反心理，二来会打击孩子脆弱的心灵，三来会让孩子怀疑家长是否真的爱他，这是最糟糕的情况。

3.注意时间和场合

惩罚孩子尽量不要在清晨、吃饭时、睡觉前。在清晨批评孩子，可能会破坏孩子一天的好心情；吃饭时批评孩子，会影响孩子的食欲，长此以往会对孩子的身体健康不利；睡觉前批评孩子，会影响孩子的睡眠，不利于孩子的身体发育。

4.平复自己的情绪

孩子违反规矩，特别是犯了比较大的错或者屡教不改时，你难免会心烦意乱，情绪波动比较大，很可能会在一时冲动之下对孩子说出不该说的话，或者做出不该做的举动，这都可能会对自己和孩子产生极为不良的影响。这时，你需平复自己的情绪。

5.一事归一事

在惩罚孩子的时候，我们只要明白自己的批评是为了让他知道，做什么样的事会带来什么样的后果，而不是为了伤害他或给他打上"坏孩子"的标签，这样才不会给孩子造成心理阴影。

6.给孩子申诉的机会

导致孩子犯错的原因是多种多样的,有主观方面的失误,但也有可能是不以孩子的意志为转移的客观原因。从主观方面来说,有可能是有意为之,也有可能是无心所致;有可能是态度问题,也有可能是能力不足等。

所以,当孩子犯错后,不要剥夺孩子说话的权利,要给孩子一个申诉的机会,让孩子把自己想说的话和盘托出。这样你才会对孩子所犯的错误有一个更全面、更清楚的认识,对孩子的批评会更有针对性,也让孩子能心悦诚服地接受自己的批评。

可能很多父母还在信奉"棍棒比说教更能让孩子牢记错误",当孩子犯错的时候,便采取严厉的惩罚措施,甚至有体罚。由于体罚总伴随着家长的情绪爆发,容易使孩子产生逆反心理或委屈情绪,甚至导致自信心的丧失,这对孩子的成长是极为不利的。其实,"牢记错误"不是重点,"改正错误"才是目的。你不妨温柔地对待孩子的错误,用正确的方法引导,不仅会让孩子意识到自己的错误,还增强了孩子勇于改正错误的信心和勇气。

让孩子"改正错误"才是惩罚的根本目的

人类的学习过程自古至今都遵循这样一条规律：错误、学习、尝试、纠正。在这个不断循环的过程中，人类得以成长。我们教育孩子、为孩子制定规矩，也是这一目的。如果在规矩确立后我们的孩子依然犯了错，我们不要动不动就惩罚，这不是目的，真正的目的是让孩子认识错误并不再犯，让他从错误中得到真理，得到正确的做事方法。家长如果把错误这个源头彻底消灭，那么你的孩子就不会有所成长，孩子的自信心也会受到打击。

我们要允许孩子犯错，让他在不断犯错的过程中积极主动地去探索、学习。另外，犯错误可能是由孩子不专心、没耐心、能力不够引起的，因此，父母应该温柔地对待，应该耐心地支持和辅导他改正错误，绝不要横加指责，否则很容易让孩子产生自卑感。

那么，妈妈在面对孩子犯错的时候，应该怎么做呢？

1.做孩子的知心朋友，听听他的心里话

每个孩子都希望自己有一个可以交心的好朋友，能够在自己迷茫的时候给自己指点迷津，在自己不高兴的时候静静地坐在自己的身边聆听，能在自己犯错的时候为自己指出问题所在。但很多情况下，孩子的这位知己并不是父母，因为他们放不下作为家长的威严，很多孩子知道这一点，所以他们如果有了心事，宁愿找自己的朋友去倾诉，也不愿意告诉妈妈。不是孩子不愿意把妈妈当作知己，而是妈妈首先没有做孩子知己的意识。

所以，妈妈不妨放下架子，平等对待孩子。英国教育家斯宾塞说："沟通不是在任何人之间都能实现的。父母只有放下架子，做孩子的知心朋友，才能实现最成功的沟通。"

2.让孩子为自己的错误付出一点儿代价

孩子犯错总是在所难免，每当孩子闯下大大小小的祸事，作为警醒或教训，妈妈会对孩子进行一定的惩罚。但惩罚仅是打和骂那么简单吗？怎样的教训才会收到理想效果？惩罚有哪些方式？惩罚的"度"在哪里？惩罚过后，面对孩子的情绪，妈妈又该如何做好善后工作？

每个人犯错都是要付出代价的，如果没有受到惩罚，那么错误很可能会一直延续下去。生活中，很多妈妈看到孩子犯错以后，会马上帮他纠正。这样做孩子可能会意识到自己的错误，但印象并不深刻，从而导致一错再错。

老刘的女儿第二天要出去郊游。这天晚上，老刘就对只顾看电视的女儿说："女儿啊，先别看电视了，准备准备明天去郊游的东西吧，否则明天早晨又要手忙脚乱了。"女儿一边嗑瓜子，一边说："爸爸你可真啰嗦，我这么大了，会照顾好自己的，东西都准备好了。"听到女儿这么说，老刘就没再说什么，可转头就发现女儿换洗的袜子没带，帽子也没装进包里。看到妻子正要帮女儿收拾，老刘马上制止了她。

女儿郊游回来后，老刘问："玩得怎么样啊？"女儿说："很好啊。就是没换洗的袜子穿，天气太热了，帽子也忘带了，我都晒黑了，下次可不能再这么丢三落四了。"

老刘是位很聪明的父亲，他阻止了妻子的行为，就是要让女儿为自己犯的错误付出一点儿代价。如果妻子帮她准备好了，女儿依旧是一副没记性的样子，并且她还会产生依赖心理：我没准备好没关系，还有我老妈帮我弄呢。所以，要想让孩子对自己的错误记忆深刻，不再犯类似的错误，不妨让他吃点儿苦头。

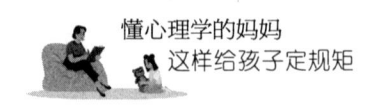

执行规矩时，妈妈不要心软

俗话说，没有规矩，不成方圆。小至一个家庭，大到一个国家，概莫如此。道理其实大家都懂，我们也认识到了为孩子立规矩的重要性，可我们的孩子在日常生活中却未必遵守规矩，甚至总在有意无意地漠视规矩。例如，跨栏过街、闯红灯、践踏草坪、插队、乱扔垃圾、随地吐痰、迟到早退、上课玩手机等。所以我们可以说，规矩不在制定，而在执行。妈妈要想合理约束孩子，在执行规矩时就一定不可心软。下面是一位妈妈的心声：

儿子现在3岁了。随着年龄的增长，他越来越有自己的主意了，也越来越不好管，不过对于我定的规矩，我绝不会心软。

那天，儿子就趁我帮奶奶铺床单的时候偷偷溜出去了。当我一路追到小商店后，儿子便望着刚进来的我说："妈妈，宝宝要吃虾条。"

我当时很是生气，急忙问道："你要吃虾条为什么不跟妈妈说呢？就自己一个人跑来买了，你有钱吗？"

听我这么一说，儿子就开始在身上翻钱了，翻了半天说道："没有，妈妈有。"

我抱起他（怕他进去自己拿）说："你出来没跟妈妈说一声，所以奶奶（商店老板）不卖给你虾条。"

儿子委屈地说道："奶奶给，妈妈有钱。"说着还想挣脱我的手。

我依然没有松手，抱着他继续说道："你自己跑出来，妈妈就不给买。现在先回家跟奶奶说一声，妈妈再回来给你买。"

儿子还是闹着不肯回家,在我的怀里一个劲儿地往下拱。商店老板看情形赶紧对我说:"别折腾孩子了,孩子小,大了就知道了。"

我当时没有听商店老板的,依然固执地劝儿子跟我走,磨了半天儿子终于很不情愿地跟我走了。一路上我告诉他:"你自己跑出来,万一碰到坏人把你带走了,就再也见不到妈妈了,以后还自己出来吗?"

孩子应声回答道(不知道是不是心里话):"不了。"

就这样,我抱着儿子回家了……

一进家门,儿子便小跑着过去对奶奶说:"奶奶,我走了,我出去,我去买虾条。"

我自然也履行了自己的诺言,连门也没进去就又带着孩子返回商店里买虾条了。

再次来到商店里,商店老板不解地问我:"大冷的天,你看你这不明摆着在折腾孩子吗?"

我忙对那个商店老板说:"我不是折腾他,我是想让他长个记性,要不下回他还会犯……"

这里,这位妈妈的教育方法值得很多家长学习,对于已经定下的规矩,父母不可心软,也要告诉孩子,执行规矩没有条件可讲,对此,妈妈要做到:

1.告诉孩子给他立规矩的原因

孩子更喜欢自由自在的生活,所以从根本上来说,任何一个规矩对他可能都是一种束缚。其实从情理上来分析,孩子对规矩并不一定都很乐意接受,但是,有些规矩会帮助他更好地规范自己,以免他走弯路。为此,我们可以以身作则,提醒他如果想要有良好的表现,仅仅靠他自己的力量并不够,规矩对他也是一种帮助,并不会伤害到他。

2.提出问题,表达期望,坚定立场

关于规矩要有哪些内容,也要向孩子讲明白。如这个规矩要解决他的什么问题，我们期望他通过遵守规矩的内容实现怎样的进步，如果他不遵守规矩又将受到怎样的惩罚等。

这些内容需要征得他的同意，如果他不同意，而这个规矩又必须定立的话，那就只能强制他遵守了。强制，不等于命令，不等于训斥，也不等于吼叫和打骂。在给他讲清楚问题、表达完期望之后，告诉他一声："必须遵守，没有可商量的余地，妈妈不会害你！我跟你一起遵守这个规矩，我做给你看。"

当我们站在真理一方的时候，我们的强硬就是真正不容置疑的权威，作为家庭后来者的孩子，只要平时不惯着他，不溺爱他，不对他过度保护、包办代替，他是能分得清轻重缓急的，所以不必担心孩子接受不了，他表现出的所谓的接受不了，只是在做最后的"权益争取"。一个人真正掌握了真理，他就有了自信，就有了天然的权威，我们就要做这样的人。

不要在孩子面前唯唯诺诺，跟他商量来商量去，半天过去，只要没有让他满意，什么都商量不成。有时候，害孩子的恰恰是"商量"。所以，即使孩子有哭闹要赖等行为，父母也应该坚定立场不妥协，这时就会发现，孩子同意了。因为他也能感受到父母的爱，是真正的爱，而不是惯着他的害。

规矩就是边界，边界就是对他的保护和爱，我们一定要非常清楚地明白这一点，不被孩子牵着走，不被自己的情绪（好情绪就乐半天，怎样都行；坏情绪就对孩子大吼大叫，怎样都不行）牵着走，做理性、自信、正己的好家长。

3.将立的规矩放在明显的位置供全家参照监督

等到规矩立好了，可以把具体内容贴在孩子和我们都能看到的地方。一方面是监督孩子，另一方面我们也可以对照上面的某些条款及时调整自己。假如在某些问题上存在分歧，这个规矩可以成为最好的参照。

规矩一旦立好了，就要认真执行，不能光摆着好看，它真正的作用是督促孩子行动起来。这一点，在立规矩之前也要好好考虑，因为孩子对规矩的执行情况可能会呈一个曲线状态：最开始是高涨的，接着慢慢下降，然后在我们的几次督促下可能有一两个小高潮，接着便又会趋于下降，甚至一路走低，直至再也不动。这种情况要提前预知。

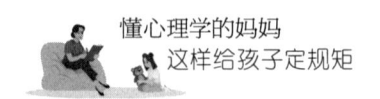

逐步心理引导,让孩子养成规则意识

规则是我们在日常生活、学习、工作中必须遵守的行为规范和准则。幼儿期是萌生规则意识和形成初步规则的重要时期,著名教育家叶圣陶曾经说过:"教育是什么?往简单方面说只需一句话,就是培养良好的习惯。"而良好的行为习惯建立在良好的规则意识和执行规则的能力上。《幼儿园教育指导纲要》就明确指出:要在共同的生活和活动中,帮助幼儿理解行为规则的必要性,学习遵守规则;对幼儿进行规则意识的培养,帮助他们形成规则意识,也是培养健全人格、适应社会需要的人才的必要环节。

为此,妈妈可以这样培养孩子的规则意识:

1.结合孩子的生活建立常规,帮助孩子培养规则意识

孩子一天的生活当中,上下楼、如厕、盥洗、进餐、午睡等每个环节都离不开规则。培养孩子的规则意识,首先应该让孩子知道,规则存在于我们生活的方方面面,需要我们了解并遵守。由于孩子年龄小,理解能力有限,所以家长对孩子的教育要细致、要明确、要有耐心,要让孩子在理解的基础上逐步加深印象。只有通过不断地强化、不断地积累,结合严格的要求,才能让孩子做到持之以恒。

2.利用形式多样的游戏,帮助孩子了解各种规则

年幼的孩子的年龄特点决定他们的游戏与学习是分不开的,富有情趣的游戏对孩子有很大的吸引力。幼儿期是一个人身体、智力、情感和社会性飞速发展的时期,由于孩子大部分时间是在幼儿园度过的,因此,在培养他们的规则意识时,充分利用各类游戏,将孩子的规则学习与培养有机地融入孩子

的游戏中，可以有效地帮助孩子了解规则，巩固规则。如表演游戏"公共汽车"，让孩子扮成年龄、身份不同的乘客，在有情景的社会性游戏中，模仿生活中人们的语言、行动，体验人们对周围事物的感受，实践社会所要求的行为规则。孩子在反复的游戏中会了解乘车的规则与礼仪，并会逐渐把社会的规则要求变成自己的主动行为，进而迁移到生活当中去。在区角游戏中，利用环境暗示法，让环境说话，让环境的设置告诉幼儿参与这个游戏应遵守的规则，如用插卡标志，限定游戏人数；用安静图标，告诉大家要安静等。这种环境暗示没有任何的强制、命令和压抑，可以帮助孩子在轻松愉快的氛围中接受教育。

3.创设环境，营造氛围，帮助孩子巩固增强已有的规则意识

环境对孩子的教育起着潜移默化的作用，这是毋庸置疑的，因此，创设环境，营造氛围也是培养孩子规则意识的策略之一。我们可以根据需要在孩子生活学习的活动室、游戏场、走廊、楼梯，巧妙地利用标志、符号、图片帮助孩子巩固已有常规。例如，上下楼梯的小脚印，形象地提醒孩子上下楼梯走右边；楼梯转台的不要拥挤的图片，告诉孩子上下楼梯不拥挤；饮水机前的等待线，告诉孩子喝水时不要拥挤，要学会等待；孩子物品的摆放标志，告诉孩子物品取放要归位；游戏场上的安全文明游戏图片，提醒孩子玩耍时不奔跑，以及大型玩具的正确玩法……这些标志不仅在无声地提醒孩子，同时看到这些标志，孩子也会互相提醒，按标志的要求去做，久而久之，在这种潜移默化中，就很好地强化了孩子的规则意识。

4.学校利用视频进行交规教育

小朋友不仅要了解社会规则，还要遵守社会规则，同时要监督爸爸妈妈等亲人朋友遵守社会规则。例如，交通规则主题活动《马路上》，教师利用拍摄到的视频片段，引导孩子不仅了解红绿信号灯的作用，知道过马路时行人要看人行横道信号灯，要走斑马线，而且在看视频中，大家还发现了很多成人的不

文明行为：随意闯红灯，随意横穿马路……孩子们在教师的引导下讨论得知，如果人们不遵守交通规则，就会导致堵车或发生交通事故，只有人人遵守交通规则，道路才会畅通，大家才会安全。让孩子进一步深入理解交通规则和我们每个人是息息相关的，遵守交通规则不但重要，而且尤为必要。

当然，孩子规则意识的培养不是一蹴而就的，需要长期坚持不懈，需要学校、社会、家庭的共同配合。"播下行为，收获习惯；播下习惯，收获性格。"希望我们的孩子都能全面、健康、快乐地成长。

第 10 章
定社交规矩，让孩子更受人欢迎

作为父母，我们都知道，孩子有没有社会交往能力，是他以后生存的重要方面，社会交往能力强的人更容易走向成功。随着社会的进步，现在孩子的成长环境越来越优越，生活内容也非常丰富，这使孩子有了更多在外表现的可能。对此，作为父母，要抛弃担心和成见，不但要鼓励孩子与人交往，更要为孩子制定一些交友规矩，帮助孩子培养迷人的个性，进而引导他们结识好的朋友，建立纯真的友谊，让他们走出狭小的自我空间，在集体中感受温暖和愉悦，在心与心的交往中丰富自己的情感世界。

告诉孩子要珍视友谊

"结交新朋勿忘旧友,一如浓茶一如美酒,情谊之路长无尽头,愿这友谊天长地久。"这是一首儿童友谊歌,每个人都需要朋友,我们的孩子更是。尤其是对独生子女而言,朋友让孩子更懂得爱,也让孩子的人生路走得更平坦。

然而,现在的孩子在家里基本过着"一个中心"的生活,这容易让孩子养成以自我为中心的行为习惯,给别人留下霸道、自私、任性的印象。

那么,妈妈该如何为孩子制定交友规则,进而帮助孩子收获友谊呢?

(1)如果你的孩子已经交上了朋友,要及时给予肯定。如对孩子说:"真高兴你有了自己的朋友,听说你的朋友很棒,你们应该互相关心,互相帮助。"或者说:"听说你交的朋友很出色,我很想见见他,你看可以吗?"

(2)如果你的孩子还没有交到朋友,则应积极帮孩子寻找。例如,鼓励孩子与家附近的孩子一起玩,与同事或同学的孩子一起玩,并适时和孩子讨论他们交往的情况,帮助孩子分析并作出选择。

(3)要欢迎孩子的朋友到家里来。把孩子的朋友当成自己的朋友一样,采取热情欢迎的态度。当孩子的朋友来家里时,你应该说,"我们家来朋友啦,欢迎欢迎。"或者"真高兴我的孩子有你这样的朋友,你能来太好了!"而且要鼓励孩子认真接待,让孩子的朋友感觉到你对他们的支持和赏识。

(4)需要注意的是,对于孩子和朋友的交往,妈妈不能听之任之,使孩子陷入不当的交际圈。而是要充分利用他们喜欢交往的心理,因势利导,正确地引导和帮助他们建立纯真的友谊。

父母不能因噎废食,还是要让孩子积极参加各项有益的活动的,但必须让

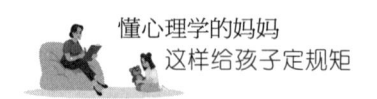

他们知道哪些朋友是不该交的。如果你对孩子的朋友某个方面很不满意，就应该当着孩子的面严肃地说出来。

友谊是每个孩子童年的重要组成部分。对孩子来说，结交朋友似乎是这个世界上最自然不过的事情。毕竟，他们整天待在教室里，一块儿吃午餐，一起在操场上玩耍。然而有时候，孩子也需要爸爸妈妈的一点儿帮助，把天天见面的熟人变成自己的朋友。由于年龄相近、志趣相投、关系融洽、地位平等，同伴群体能满足孩子游戏、友谊、安全、自尊、认同等方面的需要。父母要让孩子明白，友谊是一笔宝贵的财富，要鼓励孩子在周围的生活圈子中多交善友，这会让孩子受益无穷！

妈妈要激发孩子的分享欲，为其赢得更多友谊

我们都明白一个道理，孩子最终要走向社会，要在群体中生活。与人分享，才能得到别人的信任、支持和尊重。因此，父母都希望自己的孩子学会与人分享，养成慷慨、大方、谦让的美德。

分享，是指将自己喜爱的物品、美好的情感体验及劳动成果与他人共享的过程。"分享"意味着宽容的心，意味着协同能力、交往技巧与合作精神，这些都是孩子应具备的重要素质。人生在世，我们每个人都需要和别人分享。分享快乐，分享痛苦，这样对自己有好处的同时，对别人也有好处，可谓是"双赢"。

孩子不愿意与人分享，原因有三：一是现在的孩子都是独生子女，在家庭生活中，没有需要他们伸手帮助别人的氛围；二是他们缺少替别人着想的意识；三是他们受教育的程度还不够，使得他们还不能真正从思想上认识到自己身边还有他人，应该多替他人着想。

实际上，由于家庭教育的缺失，尤其是父母的溺爱，很多孩子以自我为中心，自私自利，不愿意与人分享，这对孩子成为一个合格的社会人是极为不利的。在现实生活中，自私、不愿意与人分享的孩子并不少见。这虽然不是什么大毛病，但是一个什么都不愿与他人分享、独占意识很强的人，是很难拥有良好的人际关系的。所以，我们应从小为孩子制定规矩，让孩子逐步学会与人分享。具体来说，妈妈应该帮助孩子做到下面几点：

1.分享物质

就是分享糖果、糕点、图书等物品。家长可以先由物质分享入手，还可

以借孩子过生日的机会，让孩子邀请小伙伴、父母的亲朋好友一起来分享生日蛋糕，让孩子在此过程中学会分享，体验分享的快乐。孩子有了新玩具或新图书，你可以引导孩子把好东西带到幼儿园，与同伴一起分享，让孩子懂得好东西要与人一起分享，这样才快乐。

需要注意的是教孩子与人分享物质，要根据一定的年龄进行。

当孩子小的时候是不知道、也不愿意把自己的东西拿出来和别人分享的。两岁以前的小孩，一般来说是自己玩，或大人带着玩，还不能和其他小朋友一起玩。这个时期的小孩，如果他想要别人的东西，就要让他学会说"请"。先让其他人配合，如果说"请"，可以给他的一般就给他，不可以的，就说明理由。

在孩子两岁左右时，就可以开始教他分享了。教他与别人分享，要慢慢劝说，不能强迫。渐渐地养成他愿意分享的优点，让他感受到，有礼貌时别人与他分享的可能性很大，而与别人分享时可以玩得更高兴，同时可以交到朋友。但也要告诉他，如果不愿意与别人玩的，可以不分享。

2.分享快乐

就是别人遇到很高兴的事，你也可以一起高兴，从而产生一种因分享而带来的快乐和满足感。

3.分享成功

分享成功也是培养孩子的大气。引导孩子从小分享他人的成功尤为重要。

4.在家庭中巩固分享行为的形成

孩子善于观察和模仿，你的言行举止都是孩子观察和模仿的对象。为此，你可以这样做：

（1）创设环境。家长要注意引导孩子从身边的小事做起。例如，把新玩具分给邻居家的小朋友玩，有好吃的先分给爷爷、奶奶、爸爸、妈妈吃，让幼儿渐渐养成分享的习惯。

（2）故事引导。你可以在晚饭后，或者睡觉前讲述一些有关分享和谦让的脍炙人口的故事或儿歌，让孩子从小懂得要谦让，要把好东西分给大家。

（3）榜样作用。父母是孩子的第一任老师，父母的日常行为、言谈举止和情感态度随时都对孩子的发展产生着潜移默化的影响。所以，你要做个有心人，平时抓住一切有利时机为孩子做好行为示范。与此同时，你必须经常检查自身的言行，为孩子做出良好的表率。

5.进行分配

如果孩子分配得合理，就及时表扬强化。在小区里，家长可以引导孩子关心帮助他人，如给孤寡老人送温暖、给灾区人民捐衣送物、和邻居友好相处等。如果家中来了小客人，可以请孩子来招待，把自己好玩的玩具、好看的图书拿出来与小客人分享。

6.及时提醒

采取积极的教育态度，当孩子表现出不愿分享时，你要告诉孩子，好东西要同大家一起分享，同时在平时生活小事中不忘教育和提醒孩子去分享。

总之，妈妈不能对孩子的要求有求必应，而是让孩子在和别人的交往中，自己决定什么东西在什么时候是否分享，我们只能引导，不能强迫，要用正面教育的方法。教孩子和朋友分担痛苦，他的痛苦就会减少许多；教孩子和朋友分担快乐，他的快乐就会成倍增长。学会了分担和分享，他的生活就会遍布阳光，这样的孩子才是内心健康、人格健全的孩子，才能迎接未来社会的挑战！

妈妈错了，也要放下架子向孩子道歉

日常生活中，大人和孩子都避免不了做错事，但是这个过程中，孩子向父母道歉的情况比父母向孩子道歉的情况要多。因为一般都觉得孩子容易做错事，但别忘了，父母负有教导孩子的责任，要教导他们有礼貌、做错事就要道歉等。对于孩子来说，他们通常都不知道父母有错，也觉得父母不会那么容易做错事。父母则认为自己一般能做对，即使做错了也不需要道歉，他们觉得自己处在一种比较高的地位。其实，这样做的直接后果是，给孩子树立了一个不负责任的负面形象。

现代教育要求家长与孩子沟通，就是要家长不能把教育放在绝对两极的位置上，家长对孩子做错了事，也要说一句"对不起"。或许碍于面子，有些家长明知道是自己错了，可还是硬撑着、扮强势。其实，向孩子说一句"对不起"，不会有损父母的权威，反而会构建起一个平等的交流平台。而更为重要的是，家长起到了以身作则的作用，给孩子树立一个负责任的正面形象。

在家庭生活中，家长说错了话，办错了事，甚至冤枉了孩子，都是难免的，关键是发生问题后家长怎样处理。家长和孩子相处，应该是民主平等的，不能摆家长架子。错怪了孩子，就主动道歉，而且态度要诚恳，不能敷衍。有些家长认为这样做会有失尊严，其实不然。父母向孩子认错，就会给孩子树立一个有错必改的好榜样，会使孩子由衷地敬佩父母的见识和修养，并学会勇敢地为自己的行为负责，让孩子从小形成一种责任意识。同时，孩子也会更加信任父母，使一家人和睦团结，为孩子创造健康成长的良好环境。而且家长的威信不但不会降低，反而更高了。

可见，家长做错了事，肯不肯向孩子道歉，不仅影响着亲子关系，也关系着孩子的进步与成长。

在现在的家庭教育中，家长如果从不向孩子承认自己的缺点、过失，孩子就会产生"父母永远正确而实际上总是出错"的观念。久而久之，对父母正确的教诲，孩子也会置之不理。如果对孩子做错事后，父母能郑重向孩子认错、道歉，孩子就会懂得承认错误并不是一件可耻的事，就会提高分辨是非的能力，尝到原谅别人的滋味。故此，为了让孩子树立责任意识，妈妈需要做到：

1.根据孩子的年龄，采取不同的道歉方法

相对于年龄小一点儿的孩子来说，其实不用讲太多的道理，只要用一些行动，如手势、表情、做法等，很自然就可以让孩子知道在这件事上，妈妈做错了，而且妈妈在向他道歉。如果孩子知道这种做法是错误的，那么他一般就不会再犯这样的错误。但是对于年龄大一点儿的孩子来说，妈妈向他道歉，就必须向他们讲明为什么做错了，这也是一种间接教育的方法。

2.注意道歉的态度

妈妈道歉的态度也是很重要的，不能太过于生硬，或者轻描淡写。这些错误的态度，即使道歉了也不能挽回什么，只会加深误解，因为年龄大的孩子能明显感觉到妈妈态度的不同，意识到妈妈是不是在敷衍。因此，妈妈应用真诚的态度来道歉，不要碍于面子或者身份，不愿意向孩子道歉，或者只是略微说一下。例如，妈妈撞到儿子，这时候，妈妈与其说"我不是故意的"，倒不如真诚地说"对不起，孩子，我撞伤了你"。妈妈这时候大大方方的道歉比不真诚的辩解更能够得到孩子的尊重。

总之，妈妈在与孩子相处的时候，要言传身教，向孩子认错、道歉，是培养孩子成为一个有责任感的人的重要方面。孩子最早的学习是从模仿开始的。他们在很小的时候，就会将看到、听到、感觉到的东西"融入"正在发育的大

脑里，并在以后的生活中不知不觉地加以模仿，不仅限于行为举止，而且包括思维方式、情感取向，以及个人性格等。一个在生活中处处表现得不负责任的家长，即使想教育孩子做事要有责任心，孩子也会很不服气，很不以为然。所以当孩子做错事时，妈妈更应该以身作则，使孩子能具体地感觉责任意识在生活中的重要性，从而主动、积极地养成负责任的好习惯。

定社交规矩，让孩子明白受人欢迎的心理要求

现代社会，每个人都需要掌握一定的社会交往能力，一个人的价值很大一部分是在社会交往中实现的，很多父母也已经认识到这一点，并开始着手培养孩子的这一能力。然而，要培养受人欢迎的孩子，需要我们制定一些社会交往规矩。让孩子按照这些规矩与人交往，孩子就能做到不偏不倚、不卑不亢，也就能让他完善自己的交际能力，让他自信大方地与人交往。

"我女儿5岁半了，很可爱，就是特爱害羞，碰到熟人也一样，有时甚至还会因害羞而哭闹。我也跟她讲了很多道理，可还是不管用。这该怎么办？"

这是一位漂亮妈妈对儿童心理学家说的话。其实，孩子到了5岁，正是他初步进行社会交往的阶段，孩子在这个阶段会学习如何面对家人以外的人。在这之前，他的身体还不够自如，语言表达也比较简单，更多地需要成人来猜测他的意愿。可以说，他的生活处处依赖成人。而孩子到了5岁以后，基本都上幼儿园了，会接触到很多的同龄小伙伴，生活范围也一下子扩大了。这时，需要他自己去面对很多的陌生人，需要一个适应的过程。

然而，由于每个孩子生下来就具有不同的气质类型，一些孩子会因为性格内向而表现得有点儿害羞，外向的孩子可能在交往中比较大胆。气质性格类型没有好坏，只是表明了孩子对待世界的不同方式。但妈妈一定要注意孩子的心理成长，别把孩子的不自信当成孩子的内向和害羞，一旦发现孩子不自信，就需要根据孩子的特点进行引导，让孩子逐渐喜欢交往，擅长交往。此外，妈妈也不必担心，这个年龄段的孩子性格可塑性很大，及时正确引导，是完全可以达到预期效果的。

那么，妈妈具体应该怎么做呢？

1.创设与人接触的机会

妈妈可以带孩子参加故事会、联欢活动等，还可以经常带孩子走亲访友，或把邻居小朋友请到家中，拿出玩具、糖果、图书，让孩子慢慢习惯和别的孩子交往。孩子通常需要安全感，所以起初有妈妈在一旁陪伴，会让他比较放心。

2.妈妈多进行积极引导，避免强调孩子的弱点

例如，有的妈妈会说："我的女儿胆子小、不自信、走不出去。"实际上这是在强化孩子的弱点，结果是"胆大"的孩子更"胆大"，"害羞"的孩子更"害羞"。有的妈妈会有意无意地说："你看人家妹妹都会打招呼，你怎么都不会说呢？"这样的比较会对孩子幼小的自尊心造成伤害，让他更加害羞，更加不愿意说话。所以不要轻易去比较，要相信自己的孩子就是最棒的。

当有其他人问候他时，你可以让孩子自己来回答，而不必代替孩子来说。如果孩子不愿意说，你可以进行一些引导，如"小朋友跟你问好了，你该怎么回答啊？"当孩子自己与陌生人进行交流以后，就会逐渐胆大和自信起来。

3.教孩子学会自制

与人相处，可能会因意见不同、误会等发生摩擦冲突，而面对摩擦，学会克制自己的情绪就能有效地避免争论，达到"化干戈为玉帛"的效果。青春期的孩子，要想克制自己，就要学会以大局为重，即使是在自己的自尊与利益受到损害时也是如此。但克制并不是无条件的，应有理、有利、有节，如果是为一时苟安，忍气吞声地任凭他人无端攻击、指责，则是怯懦的表现，而不是正确的交往态度。

4.教给孩子一些交往技巧

教给孩子一些交往技巧是让孩子逐渐自信起来的最佳办法。例如，带着有趣的玩具走到其他小朋友的身边，这就能吸引别人的注意；做与其他小朋友一样的动作，也会得到友好的回应；想玩别人的东西，就教孩子说："哥哥姐姐，可以让我玩玩吗？"让孩子自己去说，哪怕是你教半句，孩子学半句也好。如果得到了满意的回答也别急着玩，要让孩子学会说"谢谢"。如果得不到满意的回答，你可以打圆场，转移孩子的注意力。家长要明白，在集体中孩子是一定会经历失败的，妈妈现在教孩子一些交往技巧，以后孩子在独立面对失败时就不会因承受不起而萎靡不振。

5.及时表扬孩子

孩子都是脆弱的，他在交往中迈出的每一步都需要你的支持与鼓励。当孩子能大胆与其他人进行交往时，及时的表扬会让他更加自信，更乐于去与别人交往。

6.让孩子多做些运动

研究表明，无论男孩女孩，运动都能够增强孩子的自信心，提高孩子的交往能力。因此，妈妈不妨多和孩子做一些体育运动，如球类游戏、赛跑游戏等。此外，引导孩子学会交流的最好时机是在他进行最喜欢的活动时。一般来讲，在大人与孩子，或者孩子与孩子互动玩乐的时候是孩子最放松的时候，也是引导他与人交流的最好时机。

我们教育孩子，除了给孩子一个轻松舒适的成长环境、优越的生活条件以外，还需要教会孩子如何自信地与人交往，而这需要我们在孩子还很小的时候就对其制定一些交往规矩。要知道，一个落落大方、平易近人的人才能赢得别人的赞同、尊重和喜欢，才不会孤独寂寞。

让孩子学会谦让的美德

儿童之间因不会谦让或不肯谦让而发生冲突和矛盾的情况十分常见,甚至有些家长也不把这些小事放在眼里,反而会因为自己的孩子强抢到玩具而高兴,认为孩子"聪明伶俐"。然而,我们都忽略了不肯谦让所带来的一些负面影响,孩子之间的不谦让会影响他们的人际关系。其实谦让是一种美德,我国是一个有着几千年历史的文明古国,许多启蒙读物,如《三字经》等,都把"礼让"作为教育孩子的一个重要内容。人与人之间交往时的谦让和礼让也是社会文明的体现。

让孩子拥有谦让这一品质,也是教育的重要方面,在生活中,我们总会看到这样的场景:两个孩子在一起玩,家长总希望哥哥姐姐让着弟弟妹妹,但是很多孩子对此却很反感;有些孩子为受表扬而谦让,也有些孩子为获得更大的弥补而谦让,孩子们这是怎么了?真正谦让的精神都到哪儿去了?

其实,孩子不懂得"让"就是认为"任何东西理所当然都是自己的",而这种习惯就是在生活中慢慢养成的。谦让也不是人与生俱来的本能,与其指责孩子,不如反思我们自己,反思我们该如何教育孩子做一个懂得谦让的人?反思在这个竞争激烈的社会,如何在谦让和竞争之间找个平衡点?在孩子懂得谦让的真正内涵之前,家长应该清醒地认识到,这是教育的失败。

那么,妈妈到底应该怎样让孩子学会谦让呢?

1.给孩子营造一个相互谦让的环境

幼儿时期的孩子,个性正处于萌芽阶段,他们对事物的看法往往出自大人的说教或老师的命令。妈妈应努力营造一个和谐、友爱、团结、互助的氛围。

例如，夫妻之间的谦让、与邻里之间的谦让，在这样一个良好的氛围中培养孩子谦让和宽容的美德至关重要。总之，要让孩子学会谦让，就要让孩子从小在谦让的生活环境中成长。

2.妈妈要有意识地为孩子设置争抢的情境，让孩子慢慢地学会谦让

例如，平时在家，妈妈可以和孩子争一下东西，培养他"并不是所有的东西都是自己的"的意识，这样他就会慢慢知道"谦让"。接下去他就会多一分情愿，会让着别人。

3.对于不懂得谦让的孩子，妈妈要讲清道理，也应及时提出批评

妈妈绝不能暴力解决，这会加重孩子的负面情绪，会让孩子执拗地认为是妈妈的错，更不会理解妈妈的真正用意。为此，妈妈要正面引导，耐心说服教育，要教给孩子如何谦让、友好相处、共同分享的方法，让孩子尝试体验团结友好、谦让和谐、共同分享的快乐。在与同伴相处中，要让孩子明白，分享并不是失去，而是一种互利共赢。

对于孩子的不谦让行为，家长可以采取的措施如：先暂时不让孩子参加游戏，使他意识到自己的行为是错误的。同时要告诉孩子处理矛盾的方法：只有大家互相谦让，游戏才能顺利进行，有了问题大家可以用"石头、剪刀、布"的方法来解决，这样才能使大家心平气和地继续游戏。

4.让孩子知道"谦让是一种美德"，从而激发孩子的光荣意识

当然，妈妈在日常生活中还要言传身教，坚持正面引导，从小培养孩子谦让、友爱的精神，让孩子在潜移默化中懂得"让"是一种好习惯。这样，就可以避免孩子有过分的竞争意识，让孩子拥有谦让这一美德！

第 11 章 运用心理学方法制定规矩，更易于实施

现实生活中，不少家长有这样的苦恼，给孩子定规矩并不难，难的是规矩的执行，也就是如何让孩子遵守规矩。的确，孩子的成长是一个复杂的过程，这一过程中不可预测的因素太多，我们不可能时时让孩子按照我们说的去做，而要对孩子的行为进行监督引导，还需要我们掌握定规矩的方法。在正确方法的指引下，规矩的实施才更容易。

制定规矩，妈妈要注意保护孩子的自尊心

自尊是人活于世的根本，自尊才能自信，才能自强。对于孩子来说，懂得自尊，方能自信。而作为父母，一定要给孩子尊严并维护这种尊严，才能培养一个骄傲、自信的孩子！

我们说的教育孩子，其中重要的一点就是要让孩子做个自信、骄傲的人，这不仅是要给孩子优越的生活环境，让他接受良好的教育，开阔他的视野，增加他的阅历，增长他的见识，还要让孩子以健康的人格和心态去迎接未来的挑战，而这也是我们给孩子定规矩的初衷。同样，给孩子定规矩，就是希望孩子成为一个有自制力的人。自制才能自由，才能活得有尊严。为此，我们要明白，即使是给孩子定规矩，也一定要保护孩子的尊严。

到吃饭时间了，小琳做好了饭，准备喊4岁的儿子吃饭，可是叫了几遍，儿子都没反应，还在玩玩具。小琳一气之下夺走了儿子手上的玩具，儿子也不高兴了，居然跟小琳抢了起来。小琳这下可恼火了，生气地把儿子说了一顿。可是说完之后，看着躲在墙角哭得惨兮兮的儿子，心又软了，她开始后怕，自己这样批评孩子，会不会给他留下心理阴影？

的确，生活中，很多父母陷入了立规矩的困惑中：家长三番五次地对孩子说，"跟你说过多少遍了，做作业的时候不要做与学习无关的事情。"可孩子还是边学边玩，话说重了，又怕孩子接受不了；妈妈经常提醒孩子不要打架，可孩子还是"恶习"不改；面对孩子的网瘾问题，父母强行干涉，结果把孩子逼急了，孩子居然离家出走……

实际上，父母过分的叮嘱、管教不但不能起到预期的效果，反而会使孩子

的神经细胞处于抑制状态，从而作出逆反的反应。因此，妈妈在给孩子立规矩的时候，应把握一个度，时间不能过长，内容也不应过多，更不能伤害孩子的尊严。

不得不说，在现实的教育中，一些父母总是希望孩子能按照自己的意愿行事，结果导致孩子叛逆、自卑等。其实，这都是对孩子的不尊重，也伤害了一个孩子作为人的尊严。要想让他成为一个真正骄傲、自信的人，妈妈就不要忘记给足他尊严。具体来说，妈妈可以从这些方面入手：

1.尊重孩子的个性

每个孩子都是与众不同的，如同我们不可能找到两朵相同的花儿，两片相同的树叶。每个孩子都有不同的感受事物的方式、玩耍的方式、思维的方式、学习的方式、享受的方式，正是这些"个别的特性"使他成为"独特"的人。

因此，妈妈要尊重孩子的个性，就应该对其内在品性的各个方面进行更为明确的了解，只有真正地了解你的孩子，才能根据其个性打造其独特的人生，让他更自信地生存。

2.尊重孩子的喜好和兴趣

正如上面所言，每个孩子都是不同的，因此好恶也是不同的，妈妈要了解他的好恶——他喜欢吃的东西和不吃的东西，他最喜欢的运动、课余消遣和活动，他喜欢的衣服，他的特长，他喜欢逛的场所以及最有效的学习方式。迎合孩子的喜好，才能让孩子接受家长的培养方式，也才能让孩子更自信。

3.维护孩子的面子

俗话说："树要皮，人要脸。"孩子也和成年人一样，他们也有"面子"，也需要得到他人的尊重。当他做得不好时，你马上指出来的话，有没有考虑场合、考虑他的自尊心呢？

如果你当着别人的面说："看人家多自觉，你能不能长进点儿？"你会发现，孩子以后的问题会越来越多，而且越来越不听话。如果你当着老师的面、亲戚的面数落他，那情况就更糟，他要么变成可怜的懦夫，要么成为一个偏激者。因此，妈妈切记：不要当着别人的面说孩子太多坏话，要给孩子留面子。否则，你的"抱怨"会毁了孩子的社会形象，也会毁了你在孩子心中的形象。

4.不要总是负面地评价孩子

一般来说，如果孩子学习成绩不好或者在竞争中不断受挫，就会出现负面情绪，此时，妈妈应有一定的引导策略。孩子输了的时候，不要出现"是因为你笨"之类的评价，以免孩子将失败归因于自己能力差等内部因素。要引导孩子在竞争中学会分析自己的能力、任务的难度、外部环境等，客观地进行归因。

5.予以积极引导

人们总认为，年幼的孩子比较"顺从听话"，他们喜欢讨人欢心，服从他人。然而，你不应该利用孩子的这一特点，相反，应该着力保护他的个性和自我意识。当孩子进入儿童时期以后，在他们探求自己是谁之前，他们会从否定的角度（自己不是谁）来定位自己。这时，他们大多会拒绝接受父母的价值观。因此，父母在理解的同时要予以积极引导。

以上这些方式都是妈妈应该学习的。孩子的自尊是需要家长来悉心呵护的，用正确的方式来与之沟通并引导他的行为、为他立规矩，才不会伤他自尊，这也是让孩子维持自信的最佳方式！

先营造良好的氛围，让孩子愿意接受规矩的约束

父母都希望孩子把自己当朋友，对自己倾吐成长中的烦恼与快乐，希望孩子能听话。然而，孩子越大越难管教，更别说给他们立规矩了，这是很多父母共同的感受。这是由什么原因造成的呢？其实，这并不是孩子的问题，而是我们的沟通方法存在问题。不少家长在沟通中端着家长的架子，甚至和孩子置气，孩子又怎么愿意与你沟通呢？因此，聪明的父母在给孩子立规矩前都会营造良好的氛围，让孩子把自己当朋友，这不仅有助于孩子接纳父母的规矩，对维持亲子间的良好关系也很有帮助。

小丫生活在一个幸福美满的家庭，家里经济条件优越。父母的文化程度虽然不高，但在教育子女方面还是有自己的一套方法，特别是她的妈妈，和她就像朋友一样。

小学时，小丫总喜欢把学校班里发生的事情告诉妈妈，和妈妈说悄悄话，家庭的民主氛围很浓郁。

这个周末的早上，妈妈决定带小丫出去郊游，就问小丫是不是要穿那件牛仔裙。

没想到，小丫说："不穿。"

妈妈："你不是很喜欢这件牛仔裙吗？平时在学校没机会穿，上次不就说这次郊游就穿这件牛仔裙吗？"

"没什么，就是不想穿。"

小丫妈妈心想，这孩子怎么一会儿一个样，但又仔细一想，孩子可能有什么心事，于是，继续引导："怎么了，我的宝贝女儿，有什么不开心的事，可以跟妈妈说。"

"你别问了，反正我不穿这件。"妈妈看看女儿，女儿的眼里已经噙满了泪水，看来一定另有隐情。

"你知道吗，我的宝贝，你这样妈妈很担心，你一直很爱妈妈，对不对？你也不想看到妈妈为你担心，是吗？"

"好吧，妈妈，我问你，我是不是长得很丑？"

"怎么这么说，我女儿最美了，平时邻居看见也夸你漂亮呢。而且待人温和，还疼妈妈。"

听到妈妈这么说，小丫笑了，主动说出了前两天遇到的事："妈妈，我们班好几个女生说我是小胖妹，我知道，我不苗条，所以我不想穿裙子了！"

此时，妈妈没有说话，只是搂着伤心的女儿。过了一会儿，妈妈说："小丫，妈妈想告诉你，我们每个人长得都不同，每个人眼里的美丑也不一样，并不是很瘦就好看。你比同龄的孩子高，所以看起来胖点儿，这没什么，而且现在是长身体的阶段，难免会长肉，身体素质是最主要的，女孩子要自信嘛，你说对吗？"

小丫沉默了几分钟，从妈妈怀中站了起来，平静地说："谢谢妈妈听我说这些事，我们出发吧。"

从这个故事中，我们看到一对母女之间贴心的沟通过程。孩子不执行规矩、不听话，很可能另有原因，父母需要去了解和沟通，而前提是我们应该营造良好的氛围，让孩子把我们当"自己人"。那么，妈妈该如何营造良好的立规矩氛围呢？

1.语气应温和，态度友善

妈妈与孩子说话，最好避免用尖锐的语气和带有恐吓的语言，而应尽量对孩子微笑，用欢快、平和的语气与孩子沟通，这样才能让孩子感受到你的爱。

2.多说"我",少说"你"

为了能让孩子觉得你和他是站在同一战线、是为了他好,你在说话的时候,不要总说"你应该……",而应常说"我会很担心的,如果你……"

3.分享孩子的感受

无论孩子是向你报喜还是诉苦,你最好暂停手边的工作,静心倾听。若边工作边听,也要及时作出反应,表达自己的想法或感受,倘若只是敷衍了事,孩子得不到积极的回应,日后也就懒得再与大人交流和分享感受了。

4.多用身体语言

妈妈要让孩子感受到,无论什么情况,你都是爱他的,即使他做了错事。事实上,有时不说话,只利用身体语言,如微笑、拥抱或点头等,就可以让孩子知道你是多么疼爱他,不只是在他表现良好时。同时,与孩子身体接触,能拉近与孩子之间的距离。不难发现,有些父母只是在孩子很小的时候会亲孩子、抱孩子,孩子长大一点儿后便忽视了这一点。要知道,身体接触可以令孩子切身体会父母的关怀。当然,使用身体语言与孩子沟通也别忘了接纳孩子对你的爱意。

总之,在给孩子立规矩时营造良好的氛围,就是要让孩子感受到,妈妈是理解他的,是能够从他的角度思考和解决问题的,是和他站在同一个立场的,这样孩子才愿意接纳我们的规矩和意见,并认真遵守。

第11章 运用心理学方法制定规矩，更易于实施

从心理学的角度解读孩子的行为，制定规矩不可盲目

纵观古今中外的历史，很多天才的天赋之所以能被挖掘，都是因为他们的父母有着一双慧眼，能从他们的一些看似调皮捣蛋的行为中看到积极的一面，能以辩证的态度看待他们的行为，并挖掘出他们的潜能。

的确，表面看起来，孩子的一些行为是错误的、是要被批评的，好像需要给他定规矩才能矫正，但同时背后也蕴藏了积极的一面，如日本的宗一郎能像狗一样嗅车子漏下的汽油，牛顿在风暴中玩耍……他们表面上是在玩耍，甚至样子或行为很可笑或危险，但他们真正的目的却是在尝试其他孩子没有兴趣尝试的东西。如果父母对其不理解并横加指责，也许会扼杀一个天才，这样岂不可惜。

对于孩子的行为，妈妈要这样看待：

1.解读孩子的行为

不少家长在教育中总是有这样的习惯：对于孩子的行为，自己没有理解，也没有努力去尝试理解，就把孩子的行为归为错误的。其实，这是对孩子教育极不负责任的做法，在这样的教育下，孩子能有多大的发展呢？

因此，父母要善于解读孩子的行为。你要明白的是，孩子的行为很多都是他对未知的一种探索，对有些事情孩子甚至比大人做起来更有技巧。你通过解读孩子的行为，明白孩子行为的本来目的，这样便于拿出适合孩子的教育方法，不至于因误解而阻碍孩子的成长。

2.换位思考，挖掘出孩子行为背后的积极动机

法国儿童喜剧片《巴黎淘气帮》里有这样一群孩子：他们为了让妈妈高

兴，就趁着妈妈不在家的时候，想把家里来个大扫除，结果把家里弄得一塌糊涂，沙发被划破了，地板被擦花了，甚至连家里的小猫都不幸被扔进了洗衣机。其实不少家庭都发生过这样的事，孩子为了讨好大人，好心办了坏事，这是因为他们没有生活经验，此时，我们不能一味地责备，而是应挖掘出孩子的积极动机并告诉他方法。

3.从孩子的行为中开发其潜能

孩子看似一些调皮捣蛋的行为，其实正是他们与乖孩子的区别，也是他们具备某一潜能的体现。不少天才之所以能成功，就是因为他们的父亲或者母亲能看到他们行为后的潜能，知道哪些举止是天才诞生的开始，之后就有意识地支持孩子的行为，帮助他们开发潜能。

总之，妈妈要明白一个道理：正确解读孩子的行为，才便于更好地教育孩子，天才就是这样教育成的。也就是说，如果我们能走进孩子的内心世界，真正了解孩子的行为，去引导，去鼓励，去帮助，去发现，孩子就能健康成长、顺利成才！

制定规矩，妈妈也要注意用孩子能接受的方式进行

很多时候，我们会从成人的角度思考问题，常会不可避免地把自己的想法强加给孩子，在定规矩时，也是一味地认为自己就是对的，但这只会让孩子产生对抗情绪，往往会事与愿违。

我们先来看看下面这位家长是怎么做的：

"在女儿5岁的时候，我们搬进了新家，女儿很开心，很快，她和小区里的孩子们都混熟了，也有了几个自己的小伙伴。

"有一天下班回家，我发现女儿不在家，还以为她爸爸带出去玩了，但是到晚上7点，孩子爸爸回来了，也没看见孩子。这可吓坏我了，我们在小区里四处寻找，最后还报警了，以为孩子丢了。谁知道，两小时后女儿自己回来了，玩得脏兮兮的，原来她和新认识的伙伴到小区后面的泥地里玩去了。她爸爸气急了，准备训斥女儿一顿，我觉得这样做不妥，因为女儿能快速融入新的环境是好事，但出门长时间不告诉父母更不妥，所以我问女儿这件事她该怎么解决。女儿很机智，天真地看着我说：'那我以后出门前告诉你们一声，玩多久也会说，行吗？'我再问她：'如果违反了呢？''那我罚我自己洗袜子。不过，你们也要遵守，我也要知道你们去了哪里。'果然，她自己定的规矩真的从来没违反过，现在女儿17岁了，她做什么我们都很放心。"

这则故事中，这位妈妈的教育方法值得我们效仿。孩子做错了事，我们需要制定规矩来矫正他的行为，但一味地强制孩子听从我们的话并要求孩子遵守，孩子只会出现对抗情绪，也未必会有好的教育效果。而如果我们能遵从孩子自己的意愿，在立规矩的时候与他协商，并且尽量让孩子拿主意，孩子感受

到了尊重，感受到了来自妈妈的爱，自然也就愿意与我们沟通了。

因此，在与孩子沟通的过程中，我们不要总是将自己的观点强加给孩子。具体来说，妈妈需要做到：

1.维持和谐的家庭氛围，让孩子感受到温暖的氛围

家庭氛围对孩子的成长起着潜移默化的巨大作用。一个家庭，如果妈妈强制专横，孩子感受不到温暖，就无法发自内心地接受妈妈定的规矩。而在和谐的家庭氛围中，孩子才愿意畅所欲言，才愿意与妈妈沟通。

2.让孩子自己做主

孩子虽然还是小，但已经有了自己的情绪、自己的意愿。你不能事事替他做主，即使是为了他好，如你认为他该写完作业再看电视，你认为他一天应该吃两个苹果，你认为他应该在晚上9点之前上床睡觉，你认为……要知道，强加的结果只会适得其反，要让孩子学会为自己做主。这样孩子不但会很开心，并乐于接受你的建议，还能养成独立、自主、有主见的性格。

3.把命令改为商量

在很多问题上，妈妈不要太过武断，也不要替孩子作决策，而应该先问询孩子的意见，"你是怎么认为的呢？""你打算如何处理呢？""你打算什么时候开始做呢？"这就表示了我们对孩子的尊重。在了解了孩子的想法后，如果有些部分不正确，我们再以研究和探讨的语气与之商量："我能理解你的想法，但我们还要考虑这件事的可行性，不是吗……你认为妈妈的意见对吗？"

孩子是聪明的、有判断力的。如果你的话有道理，孩子也是会采纳你的建议的。同时，和孩子的交流会越来越多，亲子关系也会更上一层楼。

另外，周末，孩子完成作业以后，如果他想出去和朋友玩，那么，你最好不要阻止，而应该和他约法三章，如去哪里玩要和父母说一声，晚上8点钟之前必须回来等。如果孩子要求在朋友家住，你要告诉孩子不行，如果晚了，爸爸妈妈可以去接你，那样爸爸妈妈才不会担心。这样做，能让孩子感受到你是

支持他并且关心他的，孩子既获得了快乐，又不会放纵自己。所以，妈妈要学会放手，要给孩子一个空间，让他自己去体验、去成长。妈妈永远做孩子的后盾，做他的支持者和帮助者，才不会让孩子离自己越来越远，才会让孩子幸福快乐地成长。

以商量的方式去解决问题，即使商量失败，感情氛围也会增强，也会有利于以后问题的沟通。家长经常犯的错误是，当前问题还没解决，就破坏了感情气氛，阻断了感情沟通，失去了今后问题解决的机会。

4.尊重孩子也要注意孩子的行为习惯

我们在发现孩子有某些不良的行为习惯时，一定要及时指出来，不能听之任之。例如，如果孩子说脏话，那么，你可以说："这是谁教你说的？你知道吗，这是脏话，一个说脏话的孩子是会被人讨厌的。"

5.学会体谅孩子的情绪和思维

可能在你看来，孩子是幼稚的，他的想法不可思议，但千万不能嘲笑他，也不要以自己的思维来要求孩子，你要允许孩子把自己的观点表达出来。当孩子主动和你谈起他对某件事情的感受和想法时，不要不耐烦地敷衍了事，而应平心静气地跟孩子一起聊聊。

6.不要什么都答应孩子

很多孩子会采取撒娇、耍赖、哭闹的方式让你答应他的要求。如果这些要求是无理的，你一定要拒绝，不然他会有恃无恐，甚至变本加厉，致使同样的事情会一而再再而三地发生。坚定地告诉他"不行"，他能从你的态度上看到这件事真的没有商量的余地。

7.让孩子承担一点儿责任

有位妈妈在培养孩子方面很有心得，她的女儿今年10岁了，这个小女孩在5岁那年就已经学会了为家里倒垃圾。5岁时，女儿她就主动与自己定了这一规矩，于是，她开始尝试着这样做，这位妈妈并没有怕孩子做不好而阻止她，而是夸奖、表扬她，说她能干、勤快，还经常当着其他邻居的面称赞她："干得不错！我们都应该向你学习！"这激发了孩子主动倒垃圾的自豪感，并慢慢地形成了习惯，把这项劳动看成一种责任。

虽然我们都爱孩子，但我们不要因过于心疼孩子而对孩子的行为听之任之，而是要给孩子立规矩，对孩子的行为进行监督和矫正，让孩子不断在成长过程中锻炼自己。这样他们才能早点儿拥有独立生存的能力和强有力的自制力，才能在坎坷崎岖、荆棘丛生的人生路上畅行无阻。

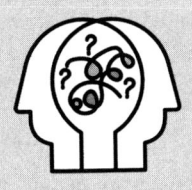

第 12 章
定说话礼仪规矩，培养彬彬有礼的好孩子

一个人的素质很大一部分表现在语言是否得当、得体上，一个具备良好素质的人，绝不会满口脏话、言语粗俗、谎话连篇。可随着物质生活水平的提高，很多家庭把更多的教育重点放在了孩子的文化学习和生活质量的提高上，娇惯孩子，而忽略了孩子的身心发展，导致了很多孩子满口污言秽语。为此，在孩子成长的过程中，我们有必要为孩子定一些说话礼仪规矩，让孩子杜绝脏话、谎话、目中无人的话等，这样，我们才能培养出彬彬有礼的好孩子。这样的孩子，自控力也更强。

定语言礼仪，妈妈要从小培养孩子优雅的谈吐

父母给予孩子的不仅是生命，还有人格力量、品质、修养等部分。一个出色的人，与良好的家庭教育是分不开的，正如塞德兹所说："人如同陶瓷器一样，小时候就形成一生的雏形，幼儿时期就好比制造陶瓷器的黏土，给予什么样的教育就会形成什么样的雏形。"每个孩子都希望被周围的人喜欢，要做到这一点，孩子就必须拥有优雅的谈吐。

谈吐优雅的孩子待人接物彬彬有礼、不卑不亢；谈吐优雅的孩子，餐桌上行为得体；谈吐优雅的孩子，不和父母顶嘴，不打断别人说话；谈吐优雅的孩子，随时随地体贴照顾他人，尊敬和关心他人；谈吐优雅的孩子，总把"请"和"谢谢"挂在嘴边。总之，谈吐优雅不仅赋予了孩子大气、得体之美，更为孩子成为淑女、绅士奠定了最强有力的基础。已踏入社会的父母更是深深明白，举止优雅将会为长大后的孩子带来无穷的魅力。但在现实生活中，由于家庭教育中孩子修养教育的缺乏，很多孩子在谈吐上没有形成一种很好的习惯，所以要让孩子从小养成良好的语言习惯，需要父母对其定规矩。

一位妈妈道出了自己的忧愁："人家小姑娘穿得干干净净的，说话甜甜的，很讨人喜欢，但我女儿就是个'皮大王'，说话大喊大叫，把玩具弄得'身首异处'，喜欢和男孩子在一起疯，小裙子上总是脏兮兮的，我怎样才能培养出一个谈吐优雅的小淑女呢？"

的确，父母都希望自己的孩子谈吐优雅、举止得体，那么，我们究竟应当怎样去约束孩子不当的说话方式，一点一滴地培养起孩子优雅的谈吐呢？具体

来说，妈妈可以这样做：

1.以身作则

无数事实证明，妈妈的一言一行对孩子的影响是巨大的，如果妈妈说话大嗓门，那孩子说话也必然不会细声细语；如果妈妈说话无所顾忌，孩子自然也会大大咧咧……所以要想培养出孩子优雅的谈吐，妈妈必须注意自己的语言习惯，以身作则。

2.告诉孩子谈吐优雅的标准

在日常生活中，妈妈不妨参照以下标准，对孩子提出合理正确的要求：

（1）妈妈要教育孩子，与人谈话的时候，就要表现出对他人的尊重、理解和善意，要面带自然的微笑，千万不要出现剔牙、掏耳、挖鼻、搔痒、抠脚等不良习惯动作。

（2）在言谈措辞上，妈妈要让孩子养成使用文明礼貌用语的好习惯，如经常说"您好""谢谢""请""对不起""没关系"等。妈妈还应告诉孩子，沉默寡言、啰唆、重复都是不正确的语言表达方式。需要注意的是，妈妈向孩子讲解优雅举止的标准时，不要用教训命令的口吻，而要循循善诱、谆谆教导。当谈吐优雅成为孩子一种不自觉的习惯时，孩子卓尔不凡的气质也就形成了。

3.要多提示和表扬孩子

孩子的一些错误的语言大多是考虑不周，而不是有意冒犯。如果妈妈此时严厉斥责，制定规矩，往往会使孩子产生反感和抵触情绪。因此，想让孩子变得谈吐优雅，最好的方式就是提示和表扬。

妈妈可以制定一些家庭内部的基本原则来引导孩子。例如，如果你想说："你这个没教养的孩子，吃饭时不能大声说话！"可以换成这样说："我们家的规矩是吃饭时不能大声说话。"这样孩子比较容易接受，因为你是在说一种制度、一种行为，而不是在批评他。

谈吐优雅是一个孩子有修养和气质的重要表现，谈吐优雅的孩子，能由内而外散发出一种迷人的馨香。妈妈如果在孩子还小的时候，就注重对其谈吐的培养，那么孩子长大成人之后，势必会成为一位高贵、文雅的优秀者！

孩子说谎，妈妈如何运用心理学方法定规矩杜绝

在中国伦理的范畴中，诚，本义为诚实不欺，真实无妄，它包含着对己、对人都要忠诚的双重内涵。诚信作为中华民族几千年积淀下来的传统美德，历来为人们所崇尚。而通常我们认为影响孩子诚信品质发展的因素主要有家庭、学校和社会三个方面。其中影响最大、持续时间最长的当属家庭教育。试想，一个嘴里不说真话的人，又有何诚信可言呢？可见，如何改变孩子撒谎的习惯，教育孩子做诚实的人，是值得父母共同去探讨的问题。

那么，妈妈应如何为孩子定规矩，杜绝孩子说谎呢？

1.妈妈要以身作则，不要撒谎

有这样一个笑话：一位妈妈教育孩子："孩子，千万别撒谎，撒谎最可耻。""好的，妈妈。我一定听您的。""哎哟，有人敲门，快说妈妈不在家。"试想，这样教育孩子，孩子能诚实吗？

美国著名心理学家戴维·艾尔金德认为：要想让孩子有教养，守道德，父母首先必须是品德高尚的人。作为父母，不要以为在孩子面前说的是一套，自己做的又是另外一套，而没有被孩子识破，孩子就会表现出诚信的行为。孩子的眼睛是雪亮的，他们往往会以实际为取舍。因此，我们家长应时刻检点自己的言行，从日常生活中点点滴滴的小事做起，不要撒谎，只有这样，对孩子的诚信教育才会有实效。

2.妈妈要及时地肯定和鼓励孩子诚信的表现

孩子虽然在成长，但毕竟还小，思想和品德都未定型，我们应该抓紧实施诚信教育，时时、事事、处处都不放过，有理有力，让他们从小获得一张人生的通行证——诚信。

人人都渴望被肯定，孩子也是这样。为了满足这种需要，他在与他人交往的时候，一般都会勇于自我表现，善于自我表现，妈妈在这方面应该创造条件，给予他积极的诱导。当孩子有了诚信表现之后，妈妈应及时给予肯定，强化诚信的行为效果，不断加深诚信在孩子头脑中的印象。日久天长，诚信习惯自然而然就会形成。

3.掌握批评的艺术，及时纠正孩子不诚实的行为

孩子说谎，妈妈往往非常生气："小小年纪，怎么学会了说谎？长大成人后岂不成了骗子！"妈妈为孩子的不诚实担心是有道理的，但在批评孩子的时候，要讲究方式方法，这才会行之有效。不要损伤孩子的自尊心。妈妈要弄清楚孩子不讲诚信的深层次原因，千万不可盲目地批评。在此基础上，还要及时对他进行单独的批评教育，以便抑制不诚信行为的继续发生。另外，要让孩子心服口服。不要用粗暴的方式来对待孩子，这样会把他推向不诚信的深渊，下次他就会编出更大的谎言来骗你。

4.和孩子建立真诚和相互信任的关系

你要求孩子说话算数，首先你对孩子就要说话算数。如果确实无法实现对孩子的承诺，一定要向孩子解释原因。这样孩子才能对诚信的重要性有一个深刻的印象和理解，也才会信任你，有什么事、有什么想法才愿意告诉你。

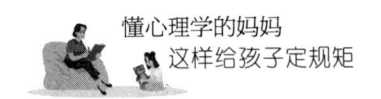

当孩子出现目中无人的行为时，妈妈要及时给予心理干预

父母都希望自己的孩子是一个快乐、彬彬有礼、善良而正派的人。教育孩子，一个重要的目标就是让他有一个健康的心态、一个温文尔雅的姿态，但现代社会中有很多家庭都是独生子女，这些孩子往往自以为是，独断专行，目中无人。而孩子目中无人、颐指气使的心理的形成，多半与父母错误的教育方法有关。爱孩子，并不是对孩子娇生惯养，对孩子的任何行为都听之任之，更不是让孩子成为一个飞扬跋扈、缺乏教养的人。

有人说过，只有不成功的父母，没有不成功的孩子。家长无论想把孩子培养成牡丹还是富贵竹，都要根据孩子本身所具有的特性，因势利导。没有哪个孩子天生就是目中无人的，任何不良的品质都和家庭教育有着千丝万缕的联系。作为父母，如果孩子目中无人、没有礼貌，那么，我们就有必要反思一下自己的教育方式是否出了问题。

在某所贵族学校，曾经有个女孩被学校老师称为"暴力女孩"，她喜欢纠合学校的一帮女生欺负自己看不惯的同学甚至很多老师，后来她被学校开除了，并坦承自己这种坏品行和自己的父亲有关。

原来女孩的父亲是一个暴力主义者，母亲在家里一点儿地位也没有。一天晚上，她原本是和朋友一起去看电影，但出门不久，发现电影票忘带了，当她返回准备进家门时，却在门缝里看见父亲将母亲压在地上使劲儿地打。女孩气急败坏，冲上去就揍了父亲一拳。结果，那天晚上她在床上翻来覆去，无法入睡。一整晚，脑海里不断重复上演所看到的那些画面。女孩从此性情大变，一步步走向堕落。

为什么会这样？因为爸爸给女儿上了一堂"暴力课"。在家庭教育中，父母要注意家庭对孩子的影响，要及时制止孩子颐指气使、目中无人的行为，并根据孩子的行为特点，有针对性地制定一些具体的规矩，使之成为一个有教养的孩子。具体来说，妈妈要做到以下几点。

1.制定规则

妈妈一定要让孩子明白什么是父母可以容忍的、什么是父母决不能容忍的。要有的放矢，坚定自己的信念和原则，然后给孩子制定相应的规则。

2.一次只解决一种没有修养、没有礼貌的行为

目中无人往往表现在很多方面，假如孩子一直重复出现某种不良行为，那么你就要注意了。的确，也许你的孩子有一大堆的行为问题需要解决，但是要改善孩子行为最有效的方式就是一次只解决孩子的一种不良行为，这样你将更有可能去永久制止孩子的不良行为。等一个个都解决完之后，你的孩子就能形成一种习惯，成为一个行为优雅、富有教养的孩子。

3.冷静地与孩子沟通

如果孩子破坏了你定下的规矩或者是表现出某种不良行为，你就应该考虑严格要求孩子了。每次在和孩子说话前请做一个深呼吸，尽量让自己保持冷静。如果你需要暂停一下，过一会儿再说，那么不妨一试。然后请看着孩子的眼睛说出你的要求，要确保你已经引起了孩子的注意。请记住，你的目的是在对孩子的疼爱中规范孩子的行为，而不是在愤怒中斥责孩子。

4.建议孩子进行积极的选择

具体来说，你希望孩子形成哪些好的行为呢？请给孩子提供一两个可以进行正面选择的机会。如"请你温和有礼地和我说话。""下次你该怎么做才能保证不会再以这样的语气和邻居阿姨说话呢？"

5.向孩子讲明后果

如果孩子继续违反规则或者他依然没有改正自己的不良行为，那么你需

要向孩子讲明他这样做的后果。例如，"如果你不能温和有礼地跟我说话，你就不能用手机。""如果你再对你姐姐大喊大叫，就关你禁闭。"请记住，你的说明务必做到具体、简短而又严格。如果孩子再次出现不良行为，你也可以考虑征询一下孩子的意见，看看怎样处理才算公平。一般来说，与父母选择的处理方式相比，孩子们的选择往往会比较公平，而且更符合他们的"罪行"。

6.当场纠正孩子蛮横无理、目中无人的错误行为，落实和孩子之间达成的协议

即使他的不良行为依然没有改正的迹象，也要坚持完成你和他之间达成的协议。你必须保持协议的一致连贯性，而且要做到言出必行，这样孩子就会明白你是认真的，而不是做样子。一旦孩子出现不恰当的行为，你就应该马上加以纠正。

任何人都希望自己的孩子聪明伶俐，落落大方，待人彬彬有礼，这样的孩子不能是目中无人、骄纵蛮横的，而应该是有修养、温婉大方的。父母要教育孩子，悉心地呵护、培育孩子，但不能娇纵他，一个颐指气使、目中无人的人是不会被人喜欢的，家长不能因自己教育的缺失而影响孩子的一生！

运用心理学方法告诉孩子什么是尊重

自尊，是人们对自己价值的正确评价，是我们相信自己的价值和能力的正确观念，凭着它我们可以应对生活中遇到的任何挑战。随着我们每个人知识的增长、技能的提高和能力的增强，自尊也越来越强，这个过程与肌肉经过不断训练变得更强壮十分类似。在家庭教育中，如果父母替孩子做了他们自己能做的事，就干预了孩子的正常发育——心理学家称为"心理肌肉"，就好像父母坚持替孩子举本来孩子能举动的东西一样，从而阻碍了孩子身体肌肉的发育。

现代社会，很多父母已经认识到为孩子定规矩的必要性，认识到溺爱和娇惯孩子是在扼杀孩子的生存能力，认识到让孩子饭来张口、衣来伸手，时时、事事、处处都处于家庭的中心位置，实际上是孩子产生任性和蛮横行为的根源，他们不再对孩子的要求无条件地满足。的确，选择正确的家教方式，既要关心爱护孩子，又要对孩子严格要求，不娇宠、不溺爱孩子，这能使孩子学到独立面对生活的本领。但也有很多妈妈在为孩子定规矩的时候，犯了过犹不及的错误，淡化了父母的关爱、过于压制孩子的物质需求，让孩子在困境中衍生出自私自利、过于自尊的性格缺点。这对孩子的身心发展是极为不利的。

其实，妈妈在为孩子定规矩的时候，要告诉孩子：尊重别人就是尊重自己。要以约束为主，鼓励为辅，正如鲁道夫·德瑞克斯所说："孩子需要鼓励，就好像植物需要水分。"

一个要想得到尊重的孩子，就必须先尊重别人，这对于处于逆境中的孩子也一样。尊重是自己争取的，而不是别人给的，妈妈让孩子克服以自我为中心

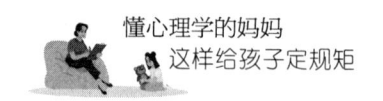

的思想和任性、蛮横行为的同时，也要防止矫枉过正，注意在平时的日常生活中对孩子进行正确的引导和鼓励。具体来说，妈妈应做到：

1.积极参与，始终与孩子同在

虽然生活中有很多因素在孩子的成长中起作用，但是家庭氛围、亲子关系是重要的因素之一，而且是妈妈最能够积极参与的因素。妈妈在家庭中的价值观念和行为举止、观念信条等都将会对整个家庭氛围和孩子观念的形成产生最深远的影响。

在家庭中培养孩子的尊重观念要强调其正确性、可能性和潜力。生活中充满了失败、失望、否认、抗拒等诸多困难，如果除了这些生活本身的艰难和残酷之外，孩子还要对自己和别人持有悲观失望的态度，那么他们极有可能被生活的苦难淹没，至少他们的生活中会缺少欢乐。那些相信自己并对别人持有基本的信任、内心又十分上进的孩子能够迎接生活中的任何挑战，并真正获得尊重。这种积极进取的心态也会使人心胸宽广、性情开朗。但也有一些孩子，为了在逆境中赢得尊重，却显得不尊重别人且过于自尊，而这两种截然不同的品质的形成，是与妈妈的鼓励和参与有直接关系的。

2.把尊重他人作为家庭价值观

家庭价值观是指父母双方都遵从的，并且渗透到家庭日常生活中的价值观念，如尊重。家庭价值观对孩子有十分强大的影响力。但是当这些价值观念强加给孩子时，他们会拒不接受，只有家长持之以恒地言传身教，并且不断地鼓励孩子，他才会乐于接受。妈妈可以把尊重别人作为家庭价值观，甚至是一种制度让孩子从小履行，这样，孩子就会把尊重当成一种习惯，即使在遇到困难和折磨时，也不会抛弃这一观念。

能够对孩子的观念产生最有意义的影响的、最重要的家庭价值观是有关社会价值方面的，这种有关社会价值的观念关注的是人的价值和人与人之间的关系。那些懂得尊重别人的孩子往往是受了以下家庭价值观的影响：

（1）所有的人都是有价值、有意义的个体，都值得尊重。

（2）每个人都应该富有协作精神。

（3）尊重别人非常重要，理解、接受和尊重来自不同家庭和背景的人。

（4）摩擦和冲突是不可避免的，但可以通过友好文明的方式加以解决。

3.尊重和信任孩子

孩子也需要父母的尊重和信任。这就要求你对孩子的感受表示理解和关心。每个人都有感情，而且有时会感到困惑或痛苦。要努力理解孩子的感受，而不要由此对他形成什么判断或者试图改变他，让孩子感觉到自己被接受、被尊重，相信他能够为今后面对生活中的困难做好准备。

总之，妈妈在为孩子立规矩的时候，不要忘了鼓励孩子，要鼓励他尊重别人，还应当考虑这个规矩是否适合孩子的成长发育，这一点也很重要。此外，要给予孩子充分的信任，相信孩子能自己走出困境。充分相信他的能力对孩子十分有意义，可以这样对孩子说："我知道这件事很难，但我相信你能处理好。"这样会极大地激发起孩子的勇气和信心。

教育无小事，妈妈要教育孩子"尊重别人的人才会受到尊重，尊重别人就是尊重自己"。从每一件小事培养，抓住每一个细节，孩子将做得更好！

礼多人不怪，培养说话懂礼貌的孩子

文明礼貌是中华民族的优秀传统，是人们在日常人际交往中应当共同遵守的道德准则。在孩子与人交往中，和悦的语气、亲切的称呼、诚挚的态度等，会使得孩子更加友好、更加尊重别人。俗话说："良言一句三冬暖，恶语伤人六月寒。"文明的谈吐和行为是孩子具有良好修养的表现，讲文明礼貌能促进孩子和别人之间的团结友爱，是与他人之间情感沟通的道德桥梁。

培养孩子礼貌待人的好习惯，需要妈妈从日常生活中的细节入手，不要让孩子出言不逊、恶语伤人，失礼不道歉、无理凶三分，更不能骑车撞倒人后扬长而去，乘车争先恐后，在公共汽车上见老人或抱小孩的妇女不让座……防微杜渐，是防止孩子出现不文明行为的最佳方法。

因此，在日常生活中，妈妈需要为孩子立规矩，尤其是在语言习惯上，要让孩子学会掌握一些礼貌用语，而使用礼貌用语要文明雅致、措辞恳切、热情真挚、面带微笑。礼貌用语主要有以下几种：

1.欢迎语

欢迎语指接待来访客人时必不可少的礼貌语。例如，"欢迎您""欢迎各位光临""见到您很高兴"等。

2.征询语

征询语是指在交往中，尤其是在接待的过程中，应经常地、恰当地使用诸如"我能为您做什么""请问，您找谁""请问您需要帮忙吗"等征询性的语言，这样会使他人或被接待者感觉受到尊重。

3.请托语

请托语，顾名思义，就是我们向他人提出某种请求或者希望获得他人帮助时使用的语言。对此，我们一定要"请"字当先，而且态度语气要诚恳，不要低声下气，也不要趾高气扬。常用的请托语有"劳驾""借光""有劳您""让您费心了"等。

4.赞美语

赞美语是指向他人表示称赞时的用语。常用的赞美语有"很好""不错""太棒了""真了不起""真漂亮"等。面对他人的赞美，也应作出积极、恰当的反应。例如，"谢谢您的鼓励""多亏了你""您过奖了""你也不错嘛"等。

5.致歉语

在日常交往中，人们难免会因为某种原因影响或打扰了别人，尤其是当自己失礼、失约、失陪、失手时，都应及时、主动、真心地向对方表示歉意。常用的致歉语有"对不起""请原谅""很抱歉""失礼了""不好意思，让您久等了"等。当你不好意思当面致歉时，还可以通过电话、手机短信、电子邮件等方式来表达。

6.拒绝语

拒绝语是指当我们在面对别人请求、但不得不拒绝时，采用婉转的词语加以暗示，使对方意会的语言。在人际交往中，当对方提出问题或要求，不好直接拒绝时，可以用一些推脱的语言来拒绝。例如，当别人求助我们做一件事，而我们能力有限，无法办到时，可以这样拒绝："很抱歉，我很想帮你，但是……"

7.告别语

说告别语可能显得有点儿客套，但不失礼仪。与人告别时，神情应友善温和，语言要有分寸，具有委婉谦恭的特点。例如，"再次感谢您的光临，欢迎您

再来""非常高兴认识你,希望以后多联系""十分感谢,咱们后会有期"等。

俗话说,"一句话能把人说跳,一句话也能把人说笑"。妈妈要明白,为孩子立下一些规矩,让孩子学会得体地说礼貌话,是帮助孩子接通情感的热线、是使交际畅通无阻的重要前提。

参考文献

[1]何艳娟.妈妈这样定规矩,孩子最有自控力[M].天津:天津人民出版社,2014.

[2]汲红.犹太人这样给孩子定规矩[M].北京:台海出版社,2016.

[3]邢东.好规矩胜过好爸爸[M].北京:台海出版社,2014.

[4]卡帕卡.这样跟孩子定规矩,孩子最不会抵触[M].叶小芳,译.北京:北京联合出版公司,2012.